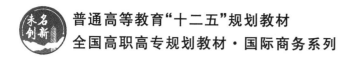

普通高等教育"十二五"规划教材

全国高职高专规划教材·国际商务系列

国际货运与保险

主 编 蔡 蕊

北京大学出版社

PEKING UNIVERSITY PRESS

内容简介

本教材针对国际贸易业务员、进出口代理员、货运代理公司从业人员操作国际贸易运输环节业务所需的相关知识和技术，结合"FIATA国际货运代理资格"对国际货运代理从业人员的专业技能要求，制定课程标准，打破以知识体系为线索的传统编写模式，采用了以岗位业务流程为主线，以项目工作任务为载体的教材编写模式，围绕工作任务需要有针对性地选取理论知识。

本教材分为国际货运代理公司筹备、国际货运代理业务操作、危机处理三大部分内容。基于出口代理工作流程详细介绍了国际货物运输和运输保险的相关知识与技能，使学生熟悉多种运输途径、方式及各种运输线路，掌握办理租船订舱手续，掌握根据需要办理保险以及保险赔偿的相关工作。

本教材既可作为高职院校相关专业的教学用书，也可作为从事外贸行业、国际货物运输人员的参考用书。

图书在版编目(CIP)数据

国际货运与保险 / 蔡蕊主编. —北京：北京大学出版社，2013.3
（全国高职高专规划教材·国际商务系列）
ISBN 978-7-301-22054-2

Ⅰ. ①国⋯ Ⅱ. ①蔡⋯ Ⅲ. ①国际货运—高等职业教育—教材②国际货运—交通运输保险—高等职业教育—教材 Ⅳ. ①F511.41②F840.63

中国版本图书馆CIP数据核字(2013)第019496号

书　　　　名：	国际货运与保险
著作责任者：	蔡　蕊　主编
策 划 编 辑：	温丹丹
责 任 编 辑：	郝　静
标 准 书 号：	ISBN 978-7-301-22054-2/F·3519
出 版 发 行：	北京大学出版社
地　　　　址：	北京市海淀区成府路205号　100871
网　　　　址：	http://www.pup.cn　新浪官方微博：@北京大学出版社
电 子 信 箱：	zyjy@pup.cn
电　　　　话：	邮购部 62752015　发行部 62750672　编辑部 62756923　出版部 62754962
印　刷　者：	北京富生印刷厂
经　销　者：	新华书店
	787毫米×1092毫米　16开本　10.5印张　259千字
	2013年3月第1版　2018年7月第3次印刷
定　　　　价：	21.00元

未经许可，不得以任何方式复制或抄袭本书之部分或全部内容。
版权所有，侵权必究
举报电话：010-62752024　电子信箱：fd@pup.pku.edu.cn

前　言

　　国际货物运输与保险业是国际贸易的产物，同时又是国际贸易开展实施的基础。随着世界经济全球化发展，各国间的商业贸易交往日趋繁荣，运输作为国际贸易的纽带发挥着越来越重要的作用。近年来，我国对外贸易得到快速的发展，运输条件得到很大的改善，运输水平也有非常大的提升。同时，行业的发展也迫切需要拥有实际操作能力的专业技术人员，为更有效地培养实用型的国际货运、国际贸易人才，我们在总结前人成果和教学实践的基础上编写本教材，以满足学生和相关人士的学习需要。

　　本教材以培养国际商务人才的职业能力为目标，针对国际货运业务需要，设计编排国际贸易运输环节所需的相关知识，承接"国际贸易地理"、"国际贸易政策措施"、"国际商法"等专业基础课程和"市场调查与开发"、"国际商品采购"、"报关与报检"、"国际贸易单证"、"消费品质量检测"、"卖场商品销售"等课程共同构成整个国际贸易流程。

　　与其他同类教材相比，本教材采用以国际货运代理业务人员工作流程为主线，以项目工作任务为载体的教材编写模式，围绕工作任务需要，有针对性地选取理论知识，注重以学生为主体，以培养职业能力为核心，强调对各种运输方式业务操作能力的训练。

　　本教材分为国际货运代理公司筹备、国际货运代理业务操作、危机处理三大部分，九个工作任务，其任务包括：

　　1. 从分析国际货运形势入手，了解国际货运行业特点及现状；

　　2. 以模拟成立国际货运代理公司的方式，带领学生调查分析国际货运代理行业的服务对象、内容及行业竞争状况；

　　3. 通过筹备国际货运代理公司，学习掌握货运代理公司的资质及申请审批手续；

　　4. 通过受理国际货物海运代理业务，熟悉海运进出口代理业务基本流程，船舶、货物、港口、航线的相关知识，选择运输方式，计算运费，填制相关单证；

　　5. 通过为客户货运商品制定保险计划，熟悉海上风险及保险承保范围，选择不同险别投保，计算保费，填制保单；

　　6. 通过受理国际空运代理业务，选择空运方式，计算运费，办理手续，投保航空运输保险；

　　7. 通过受理国际陆上运输代理业务，熟悉公路、铁路运输方式及特点，模拟申报货代手续，填制相关单证，办理保险；

　　8. 通过受理国际集装箱多式联运代理业务，熟悉集装箱运输及多式联运的特点及手续办理流程，计算运费，填制单证，办理保险；

　　9. 通过受理国际货物运输事故索赔代理业务，掌握国际货物运输事故处理及风险防范的手段及方法。

　　本教材在编写体例上，根据教材定位设计了导入案例、任务要求、任务流程、知识要点、技能要求、实训操作等栏目，突出任务导向，重视技能培训，锻炼学生实际操作能力，培养学生团队合作的精神。同时，在知识介绍中设计了"小贴士"、"案例分析"等栏目，增加知识量，提高学生分析问题、解决问题的能力。

本教材在编写过程中，参考了大量同类的优秀教材、专著、相关文献及网站的资料，得到了北京财贸职业学院田志英、吴崑、龙腾等同志及北京大学出版社编辑温丹丹、郝静等同志在各方面的支持和帮助，在此深表感谢。

限于编者水平，书中难免存在缺陷与不足，敬请批评指正。

编者
2013 年 1 月

本教材配有教学课件，如有老师需要，请加 QQ 群（279806670）或发电子邮件至 zyjy@pup.cn 索取，也可致电北京大学出版社：010-62765126。

目 录

导入 1

第一篇　国际货运代理公司筹备

任务一　分析国际货运形势 4
 第一节　分析国际货运行业特点 5
 第二节　比较分析国际货运的各种方式 10
任务二　熟悉国际货运代理业务范围 15
 第一节　分析国际货运代理行业 16
 第二节　熟悉国际货运代理服务对象及工作内容 20
 第三节　中国国际货运代理企业 23
任务三　成立国际货运代理公司 26
 第一节　中国国际货运代理企业的设立 27
 第二节　国际货运代理从业资格 31
 第三节　办理国际货运代理企业变更、终止手续 33

第二篇　国际货运代理业务操作

任务四　国际海上运输 40
 第一节　海运代理基本流程 41
 第二节　选择船舶、货物、航线、港口、船公司 43
 第三节　根据商品选择海上运输方式 57
 第四节　查询并计算相关费用，制作报价表 64
 第五节　制作委托协议及相关货运单据 70
任务五　国际海上货物运输保险 80
 第一节　熟悉海上风险及货运保险承保的范围 81
 第二节　选择海洋运输保险投保的险种 83
 第三节　计算保费，办理投保手续 87
任务六　航空运输 94
 第一节　熟悉国际航空运输行业基本现况 95
 第二节　选择航空运输方式 98
 第三节　计算运费，办理代理手续，填制航空货运单据 100
 第四节　办理国际航空运输保险 106
任务七　陆上运输 109
 第一节　熟悉国际公路运输及营运方式 110
 第二节　熟悉国际铁路运输的主要运输路线及主要口岸 112

第三节　办理代理手续，填写国际货协运单 ……………………………… 115
　　第四节　办理陆上运输相关保险业务 …………………………………… 119
任务八　集装箱运输及国际多式联运 …………………………………………… 122
　　第一节　熟悉集装箱运输特点及优势 …………………………………… 123
　　第二节　熟悉国际多式联运业务 ………………………………………… 127
　　第三节　根据客户需求设计国际多式联运方案 ………………………… 130
　　第四节　计算运费，填制国际多式联运相关单据 ……………………… 134
　　第五节　办理集装箱多式联运相关保险业务 …………………………… 137

第三篇　危机处理

任务九　国际货运事故处理及风险防范 ………………………………………… 142
　　第一节　分析各种国际货物运输中产生事故的主要原因 ……………… 143
　　第二节　熟悉国际货运保险的索赔原则和程序 ………………………… 146
　　第三节　处理货运事故的理赔 …………………………………………… 148
　　第四节　风险防范及争议的解决方法 …………………………………… 150
附录 ………………………………………………………………………………… 153
　　附录1　海运附加费对照表 ……………………………………………… 153
　　附录2　船公司及标志 …………………………………………………… 154
　　附录3　国际货运相关单证 ……………………………………………… 156
　　附录4　贸易术语 ………………………………………………………… 161
参考文献 …………………………………………………………………………… 162

导　　入

　　李林曾在一家外资国际贸易公司工作多年,业务熟练,经验丰富,积累了一定资金和人脉。但是,外企给予他的提升机会并不多,李林始终希望得到更大的发展空间。随着天津港的不断扩建,天津物流业近几年的发展速度也在不断提高。同时,天津又作为北京的卫星城市、世界著名的港口城市,国际货运的发展前景也是很好的。李林的一位同学在天津自有一家国际贸易公司,但没有开展国际货运代理业务。李林想联合这位从事国际贸易的朋友,合伙成立一家国际货运代理公司。

　　下面我们为自主创业的李林做了一下规划:

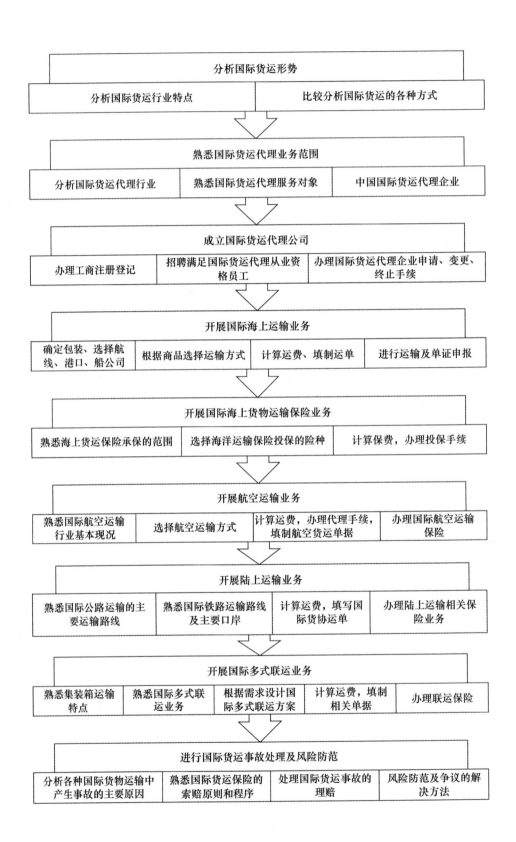

第一篇

国际货运代理公司筹备

任务一　分析国际货运形势

 导入案例

李林成立自己的货运代理公司,但是开公司就会面临着诸多风险和困难,成功的几率有多大?行业的前景如何呢?必须在介入前做好充分的准备和调研。为此,李林首先要对国际货运行业发展有正确的认识,并需要对国内运输行业及国际运输行业进行一定的比较分析,对宏观局势有个正确的判断。

 **任务要求**

正确分析国际货物运输形势

 任务流程

1. 收集相关资料
2. 对相关资料进行分析总结

 知识要点

1. 国际货物运输的性质与特点
2. 国际货物运输的任务和要求
3. 国际货物运输的组织体系
4. 国际货物运输的主要方式

 技能要求

1. 掌握查询相关资料的方法
2. 能对相关行业特点做出正确的分析
3. 熟悉国际货物运输的组织体系
4. 熟悉国际货物运输的各种运输方式

第一节　分析国际货运行业特点

一、运输业概述

（一）运输

运输(Transportation)是人和物的载运和输送,即用各种设备和运载工具,沿着相应的地理媒介和输送线路将人和物等运输对象从一地点向另一地点运送的物流活动。其中包括集货、分配、搬运、中转、装入、卸下、分散等一系列操作。

运输对于一国或世界范围的经济资源的开发和使用而言,是一种非常重要的基础工具。它允许产品或原料从低利用的地区运送到高利用的地区,从而增加产品的价值。运输是实现人和物空间位置变化的活动,与人类的生产生活息息相关,运输的历史和人类的历史同样悠久。

运输是一种特殊的生产活动。运输生产不改变运输对象的性质和形状;运输的产品是无形的,不能储存;运输将生产和消费联结起来,使产品的使用价值得以实现;运输能够使经济资源得到充分的开发。

（二）运输业的特点

运输业是"交通运输业"的简称,指国民经济中专门从事运送货物和旅客的社会生产部门,包括铁路、公路、水运、航空、管道运输等运输部门。

1. 运输业的性质

运输也具有"物质生产性"与"公共服务性"的双重特性。

物质生产性:强调运输业通过改变劳动对象的空间位置,使其价值和使用价值发生变化方面所具有的作用。

公共服务性:强调运输业在运输活动中的服务性质,即运输业必须以服务作为前提向全社会提供运输产品。

2. 运输业的特征

（1）运输业是不产生新的实物形态产品的物质生产部门。运输业生产的产品是运输对象的空间位移,其计量单位是:人公里(客运),吨公里(货运)。运输业参与社会总产品的生产和国民收入的创造,但不增加社会产品实物总量。

（2）运输业的劳动对象是旅客和货物,对劳动对象只改变其空间位置,只有生产权(运输权),不具有所有权。

（3）运输是社会生产过程在流通领域内的继续。

（4）运输生产和运输消费是同一过程。运输业需要储备足够的运输能力,以避免因运力不足影响消费者需求。运输产品一旦出现质量问题是无法退换或修复的,因此需要对运输过程进行周密规划与管理。

（5）运输业属于网络型基础产业,具有"网状"特征。

（6）运输业固定资本比重大,流动资本比重小,资本的周转速度相对缓慢。

（三）运输业的作用

1. 运输业的经济作用

运输促进了资源的开发和利用。社会生产需要消耗一定的资源,而自然资源的地理分布是不均匀的。交通运输的状况对资源的开发、利用及其经济价值往往具有决定性的作用。

运输有利于开拓市场,不仅能创造出明显的"空间效用",同时也具有明显的"时间效用"。早期的商品交易市场往往选择在人口相对密集、交通比较便利的地方。在依靠人力和畜力进行运输的年代,市场位置的确定在很大程度上受人和货物可及性的影响。对于多数人来说,交通相对便利,人和货物比较容易到达的地方会被认为是较好的商品交换场所。运输的时间效用与空间效用密切相关。市场上对某种商品的需求往往具有很强的时限性,超过了这一时限,商品的需求量就会大大减少甚至完全消失。一种商品如果因为时间关系失去了市场需求,这种商品在特定的时间内就不再具有价值,或者其价值大打折扣。高效率的运输能够保证商品在市场需要的时间内适时运到,从而创造出一种"时间效用",繁荣市场。

运输业的发展有利于鼓励市场竞争并降低市场价格。运输费用是所有商品市场价格的重要组成部分,商品市场价格的高低在很大程度上取决于它所含运输费用的多少。运输效率的提高,有利于降低运输费用,从而降低商品价格。运输费用的降低可以使更多的产品生产者进入市场参与竞争,也可以使消费者得到竞争带来的好处。这样,商品的市场价格将通过公平竞争和市场机制决定。实际上,由于劳动分工和地区专业化的作用,商品的市场价格很可能是由远方供应者来决定的,因为它的生产成本最低。因此,正是由于运输业的进一步发展鼓励了市场竞争,降低了商品的市场价格。

运输业的发展有利于劳动的地区分工和市场专业化,运输业的进一步发展有利于生产劳动的地区分工。市场专业化将大大减少买卖双方在收集信息、管理等方面的成本支出,减少市场交易费用。

2. 运输业的社会作用

运输缩短了人和货物在时间和空间上的距离,使不同国家和地区之间的接触和交往不断增强,并通过接触、沟通,增进相互间的了解,强化相互间的各种社会联系,并逐渐结为一体。运输业的发展对国家的统一、人类文明的进步、经济文化的交流以及国防力量的增强都发挥着重要的作用。

运输业的发展,有效地支撑着国家的统一和有效的管理。运输业的发展,促进了人类文明的进步和国民素质的提高。

二、国际货物运输的性质

(一) 国际货物运输的概念

运输就其运送对象来说,分为货物运输和旅客运输,而从货物运输来说,又可按地域划分为国内货物运输和国际货物运输两大类。

国际货物运输,就是在国家与国家、国家与地区之间的运输,是为国际进出口贸易服务的,以铁路、水运、公路、航空和管道等运输方式为基础的一种国际运输方式。

在国际贸易中,商品的价格包含商品的运价,商品的运价在商品的价格中占有较大的比重,与商品的生产价格一样,运价也随着市场供求关系变化而围绕着价值上下波动。商品的运价伴随商品的物质形态一起进入国际市场中共同进行交换,商品运价的上下浮动直接影响到国际贸易中的商品价格。同时,国际货物运输的对象又是国际贸易商品,因此国际货物运输不可否认的也是一种国际贸易,有所不同的是它用于交换的不是物质形态的商品,而是一种特殊的商品——货物的位移。由此,从贸易的角度来说,国际货物运输就是一种无形的国际贸易。

国际货物运输又可分为国际贸易物资运输和非贸易物资(如展览品、个人行李、办公用品、援外物资等)运输两种。由于国际货物运输中的非贸易物资的运输往往只是贸易物资运输部门的附带业务,所以,国际货物运输通常被称为国际贸易运输,从一国来说,就是对外贸易运输,简称外贸运输。

国际货物运输是实现进口商品、暂时进口商品、转运物资、过境物资、邮件、国际捐赠和援助物资、加工装配所需物料、部件以及退货等从一国(或地区)向另一国(或地区)运送的物流活动,属于国际物流范畴。

(二) 国际货物运输的特点

国际货物运输是国家与国家、国家与地区之间的运输,与国内货物运输相比,它具有以下几个主要特点:

1. 国际货物运输涉及国际关系问题,是一项政策性很强的涉外活动

国际货物运输是国际贸易的一个组成部分,在组织货物运输的过程中,需要经常同国外发生直接或间接的广泛业务联系,这种联系不仅是经济上的,也常常会涉及国际政治问题,是一项政策性很强的涉外活动。因此,国际货物运输既是一项经济活动,也是一项重要的外事活动,这就要求我们不仅要用经济观点去办理各项业务,而且要有政策观念,按照我国的对外政策要求从事国际运输业务。

2. 国际货物运输是中间环节很多的长途运输

国际货物运输是国家与国家、国家与地区之间的运输,一般来说,运输的距离都比较长,往往需要使用多种运输工具,通过多次装卸搬运,要经过许多中间环节,如转船、变换运输方式等,经由不同的地区和国家,要适应各国不同的法规和规定。如果其中任何一个环节发生问题,就会影响整个的运输过程,这就要求我们做好组织工作,环环紧扣,避免在某环节上出现脱节现象,给运输带来损失。

3. 国际货物运输涉及面广,情况复杂多变

国际货物运输涉及国内外许多部门,需要与不同国家和地区的货主,交通运输机构,商检机构,保险公司、银行或其他金融机构、海关、港口以及各种中间代理商等打交道。同时,由于各个国家和地区的法律、政策规定不一,贸易、运输习惯和经营做法不同,金融货币制度的差异,加之政治、经济和自然条件的变化,都会对国际货物运输产生较大的影响。

4. 国际货物运输的时间性强

按时装运进出口货物,及时将货物运至目的地,对履行进出口贸易合同,满足商品竞争市场的需求,提高市场竞争能力,及时结汇,都有着重大意义。特别是一些鲜活商品、季节性商品和敏感性强的商品,更要求迅速运输,不失时机地组织供应,才有利于提高出口商品的竞争能力,有利于巩固和扩大销售市场。因此,国际货物运输必须加强时间观念,争时间、抢速度,以快取胜。

5. 国际货物运输的风险较大

由于在国际货物运输中环节多,运输距离长,涉及的面广,情况复杂多变,加之时间性又很强,在运输沿途国际形势的变化、社会的动乱、各种自然灾害和意外事故的发生,以及战乱、封锁禁运或海盗活动等,都可能直接或间接地影响到国际货物运输,以至于造成严重后果,因此,国际货物运输的风险较大。为了转嫁运输过程中的风险损失,各种进出口货物和运输工具,都需要办理运输保险。

(三) 国际货物运输的任务

国际货物运输的基本任务就是根据国家有关的方针政策,合理地运用各种运输方式和运输工具,多快好省地完成进出口货物的运输任务,为我国发展对外经济贸易服务,为我国外交活动服务,为我国的四个现代化建设服务。具体包括以下几方面内容:

1. 按时、按质、按量地完成进出口货物运输

国际贸易合同签订后,只有通过运输,及时将进口货物运进来,将出口货物运出去,交到约定地点,商品的流通才能实现,贸易合同才能履行。"按时"就是根据贸易合同的装运期和交货期的条款的规定履行合同;"按质"就是按照贸易合同质量条款的要求履行合同;"按量"就是尽可能地减少货损货差,保证贸易合同中货物数量条款的履行。如果违反了上述合同条款,就构成了违约,有可能导致赔偿、罚款等严重的法律后果。因此,国际货物运输部门必须重合同、守信用,保证按时、按质、按量完成国际货物运输任务,保证国际贸易合同的履行。

2. 节省运杂费用,为国家积累建设资金

由于国际货物运输是国际贸易的重要组成部分,而且运输的距离长,环节较多,各项运杂费用开支较大,故节省运杂费用的潜力比较大,途径也多。因此,从事国际货物运输的企业和部门,应该不断地改善经营管理,节省运杂费用,提高企业的经济效益和社会效益,为国家积累更多的建设资金。

3. 为国家节约外汇支出,增加外汇收入

国际货物运输,既然是一种无形的国际贸易,它是国家外汇收入的重要来源之一。国际贸易合同在海上运输一般采用 CIF 和 FOB 等贸易术语成交,按照 CIF 条件,货价内包括运费、保险费,由卖方派船将货物运至目的港;按照 FOB 条件,货价内则不包括运费和保险费,由买方派船到装货港装运货物。为了国家的利益,出口货物多争取 CIF 条件,进口货物多争取 FOB 成交,则可节省外汇支出,增加外汇收入。而国际货物运输企业为了国家利益,首先要依靠国内运输企业的运力和我国的方便旗船,其次考虑我国的租船、中外合资船公司和侨资班轮的运力,再次充分调动和利用各方面的运力,使货主企业同运输企业有机地衔接,争取为国家节约外汇支出,创造更多的外汇收入。

4. 认真贯彻国家对外政策

国际货物运输是国家涉外活动的一个重要组成部分,它的另一个任务就是在平等互利的基础上,密切配合外交活动,在实际工作中具体体现和切实贯彻国家各项对外政策。

三、国际货物运输业发展

(一) 国际货物运输发展的阶段特点

国际货物运输在二次世界大战之后随着国际贸易的发展而迅速发展起来,大致经历如下几个阶段。

1. 单一的运输

20 世纪 60 年代的大规模国际货物运输主要以单一的运输方式为主,主要是海上运输,运输周期比较长,运输风险比较大,货物损失常有发生,运输保险要求较高。

2. 海上集装箱运输

20 世纪 70 年代以来,国际海上集装箱运输发展尤为迅速,提高了装卸效率、港口的吞吐能力和货物运输质量,减少了包装费用,简化了货运手续,降低了货运成本。

3. 国际多式联运

20世纪80年代国际多式联运发展迅速。多式联运是一种在集装箱运输的基础上产生和发展起来的一种综合性的连贯运输方式。其以集装箱为媒介把海、陆、空各种单一运输方式有机地结合起来组成一种国际间的连贯运输。国际多式联运的最大好处是它能集中发挥各种运输方式的优点,使国际货物运输既快又安全。同时简化了手续,减少了中间环节,加快了货运速度,降低了运输成本,为实现"门到门"运输创造了有利的条件。

(二)国际货物运输的新趋势

进入21世纪国际货物运输发展进入了一个全新的发展阶段。随着国际多式联运业竞争的日益激烈,国际货物运输已经从一个非常传统、非常保守的背景进入到了一个重要变化时期。目前,许多大的代理行加强了对海上运输、仓储和流通行业的渗透。一些国际班轮公司大量投资于公路运输、仓储、流通、铁路网,甚至航空运输,全物流管理将成为世界运输业的主力军,即世界运输业已经由多式联运进入综合物流时代。国际综合物流系统是国际多式联运发展的必然趋势,它是国际多式联运的第二次革命。目前,该行业已经进入专业化、规模化、市场化的独立扩展期,其产业发展开始趋于成熟。

国际综合物流系统的发展前提是配送方式革命。特点是从物资运输向物流配送演变,服务内容要求准确(科学调运)、准时(零库存)、准量(小批量、多品种)一体化。

网络运营革命。通过设计、引导、支配物流,形成科学、合理、低成本的网络运营体系,承担集货、储货、转运、配货、物贸等多种功能,构建全球性物流中心网络。

电子技术革命。特点是一体化、网络化服务,依赖于信息化的技术支撑,服务的信息化趋势十分明显。

采购运力革命。特点是在世界性运力过剩的背景下,物流公司在运输领域倾向于向外采购运力,服务组织的轻型化趋势十分明显。

综合服务革命。特点是物流范围向订单处理、配送、存货控制、仓库管理、装卸、包装、局部加工、运输等全方位领域扩展服务的系统化趋势十分明显,以形成更大利润的增值空间。

我国从计划经济向市场经济转变后,对公路交通运输的要求越来越高,以往门对门的运输方式,现在已经不能满足客户的服务要求。一些大型生产制造企业和零售商已经开始重视对运输方面的管理与应用。随着高速公路的迅速发展,我国的公路运输业也已经处在一个大规模建设的黄金时期,交通运输的服务能力提高,是公路运输企业为客户提供更高质量服务的开始。

公路运输的发展,不仅是因为它要面对现实国内市场的需求,同时也是经济全球化的趋势和我国加入WTO后世界公路运输行业给我们带来的压力和挑战。经济全球化的趋势不仅表现在国际组织的建立和国际贸易化的大幅度增长,而且表现在生产的国家化程度大大加深和经济管理制度的国际化。对运输企业来说,发展运输首先是一个服务问题。运输企业在向现代化运输的融合和转化中,必须树立以用户为中心的思想,将满足用户的需求作为企业发展的生存宗旨。

(三)中国国际货物运输业发展

2006年是我国"十一五"规划的起步年,国际国内环境总体上有利于我国经济平稳健康的发展。从我国的国内环境看,我们国家的居民消费需求还在不断增强,经济增长的内在动力较强,对交通运输的需求比较旺盛。在货物运输方面,相关部门将进一步做好重点物资的运输组织工作,加强路网衔接以及水路运输转换,提高运输效能。

我国重大公路工程项目基本上都是在《国家高速公路网规划》之内,按照计划开工建设,有利于早日形成全国公路运输网络以缓解交通运输的紧张局面。在交通管理上密切关注重点物资运输情况,完善应急运输保障体系,随时启动应急预案,确保在关键时刻能够快速反应、有效应对。此外我们还要加强与相关部门和重要物资行业协会的联系,加快道路运输信息调查分析系统的建立,加强对重要物资的主产区、主销区和重要集散地的运输资源进行整合,加强对多式联运体系的研究和建设,必要时可开辟专用货运通道,以提高通过能力和运输效率。

现代的运输运作强调的是运输服务企业要积极努力地寻求服务对象,同他们建立良好的战略合作伙伴关系,形成跨行业的互补联合与协作。因此,运输企业在这个过程中起到的是承上启下的作用,使生产企业、销售企业和运输服务企业构成完整的供应链。在这其中运输服务企业不仅提供生产计划和作业数据以代替自己从事运输,还可以为客户提供全方位的运输服务,使用户切实从使用专业运输服务企业中获得比自己经营运输更多、更好、更方便的效果。这样的合作模式既可以简化管理与经营的难度,还降低了成本与风险,最重要的是双方建立了长期而稳定的关系,使企业在市场中的地位与作用变得更加巩固。这样的合作模式凸现了合作的优势,可以提供更多的机会,通过共生促进双赢。

国际货物运输是服务贸易的传统项目,在服务贸易的进出口中占有较高比重,但常年呈逆差状态。从实际情况来看,中国运输业的出口额较高,但进口额更高。2004年中国运输服务出口120.67亿美元,进口245.44亿美元,逆差124.77亿美元。2005年,中国运输服务出口154.27亿美元,进口284.48亿美元,逆差130.21亿美元。2006年,运输收入和支出均较快增长,逆差进一步扩大。由于货物贸易进出口快速增长,推动了与货物贸易相关的货物运输收支增长。2006年,运输收入210亿美元,同比增长36%;支出344亿美元,同比增长21%。逆差为134亿美元,同比增长3%。可以看出近几年的运输服务的逆差已经超过了服务贸易的全部逆差,并呈上升趋势。

第二节 比较分析国际货运的各种方式

国际货物贸易运输方式很多,根据使用的工具不同,可分为以下几种,如图1-1所示。

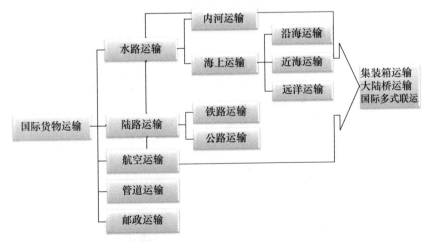

图1-1 国际货物贸易运输方式

一、水路运输(Waterway Transport)

水路运输是以船舶为主要运输工具、以港口或港站为运输基地、以水域包括海洋、河流和湖泊为运输活动范围的一种运输方式。水运至今仍是世界许多国家最重要的运输方式之一。水路运输是目前各主要运输方式中兴起最早、历史最长的运输方式,其技术经济特征是载重量大、成本低、投资省,但灵活性小,连续性也差,较适于担负大宗、低值、笨重和各种散装货物的中长距离运输,其中特别是海运,更适于承担各种外贸货物的进出口运输。

水路运输与其他运输方式相比,具有如下特点:

(1) 水路运输运载能力大、成本低、能耗少、投资省,是一些国家国内和国际运输的重要方式之一。例如一条密西西比河相当于10条铁路,一条莱茵河抵得上20条铁路。此外,修筑1千米铁路或公路约占地3公顷多,而水路运输利用海洋或天然河道,占地很少。在我国的货运总量中,水运所占的比重仅次于铁路和公路。

(2) 受自然条件的限制与影响大。即受海洋与河流的地理分布及其地质、地貌、水文与气象等条件和因素的明显制约与影响;水运航线无法在广大陆地上任意延伸,所以,水运要与铁路、公路和管道运输配合,并实行联运。

(3) 开发利用涉及面较广。如天然河流涉及通航、灌溉、防洪排涝、水力发电、水产养殖以及生产与生活用水的来源等;海岸带与海湾涉及建港、农业围垦、海产养殖、临海工业和海洋捕捞等。

水路运输有以下四种形式:

1. 沿海运输

是使用船舶通过大陆附近沿海航道运送客货的一种方式,一般使用中小型船舶。

2. 近海运输

是使用船舶通过大陆邻近国家海上航道运送客货的一种运输形式,视航程可使用中型船舶,也可使用小型船舶。

3. 远洋运输

是使用船舶跨大洋的长途运输形式,主要依靠运量大的大型船舶。

4. 内河运输

是使用船舶在陆地内的江、河、湖、川等水道进行运输的一种方式,主要使用中小型船舶。

二、陆路运输(Overland Transport)

陆路运输是指通过陆路(地上或地下)运送货物或旅客的运输业务,包括铁路运输、公路运输、缆车运输、索道运输及其他陆路运输。

(一) 铁路运输(Railway Transport)

铁路运输是最有效的陆上交通方式之一。铁路运输是以两条平行的铁轨引导,铁轨能提供极光滑及坚硬的媒介让火车的车轮以最小的摩擦力磙动,既节省能量,又相对平稳。配置得当铁路运输可以比路面运输运载同一重量客货物时节省五至七成能量,铁轨能平均分散火车的重量,令火车的载重力大大提高。

铁路运输的优点:

(1) 运输能力大,这使它适合于大批量低值产品的长距离运输;

(2)单车装载量大,加上有多种类型的车辆,使它几乎能承运任何商品,几乎可以不受重量和容积的限制;

(3)车速较高,平均车速在五种基本运输方式中排在第二位,仅次于航空运输;

(4)铁路运输受气候和自然条件影响较小,在运输的经常性方面占优势;

(5)可以方便地实现驮背运输、集装箱运输及多式联运。

铁路运输的缺点:

(1)铁路线路是专用的,固定成本很高,原始投资较大,建设周期较长;

(2)铁路按列车组织运行,在运输过程中需要有列车的编组、解体和中转改编等作业环节,占用时间较长,因而增加了货物在途中的时间;

(3)铁路运输中的货损率较高,而且由于装卸次数多,货物损毁或丢失事故通常比其他运输方式多;

(4)不能实现"门对门"的运输,通常要依靠其他运输方式配合,才能完成运输任务,除非托运人和收货人均有铁路支线。

(二)公路运输(Highway Transport)

公路运输是在公路上运送旅客和货物的运输方式,是交通运输系统的组成部分之一,主要承担短途客货运输。现代所用运输工具主要是汽车,因此,公路运输一般即指汽车运输。在地势崎岖、人烟稀少、铁路和水运不发达的边远和经济落后地区,公路为主要运输方式,起着运输干线作用。

1. 机动灵活,适应性强

由于公路运输网一般比铁路、水路网的密度要大十几倍,分布面也广,因此公路运输车辆可以"无处不到无时不有"。公路运输在时间方面的机动性也比较大,车辆可随时调度、装运,各环节之间的衔接时间较短。尤其是公路运输对客、货运量的多少具有很强的适应性,汽车的载重吨位有小(0.25~1吨)有大(200~300吨),既可以单个车辆独立运输,也可以由若干车辆组成车队同时运输,这一点对抢险、救灾工作和军事运输具有特别重要的意义。

2. 可实现"门到门"直达运输

由于汽车体积较小,中途一般也不需要换装,除了可沿分布较广的路网运行外,还可离开路网深入到工厂企业、农村田间、城市居民住宅等地,即可以把旅客和货物从始发地门口直接运送到目的地门口,实现"门到门"直达运输。这是其他运输方式无法与公路运输比拟的特点之一。

3. 在中短途运输中,运送速度较快

在中短途运输中,由于公路运输可以实现"门到门"直达运输,中途不需要倒运、转乘就可以直接将客货运达目的地,因此,与其他运输方式相比,其客、货在途时间较短,运送速度较快。

4. 原始投资少,资金周转快

公路运输与铁、水、航运输方式相比,所需固定设施简单,车辆购置费用一般也比较低,因此,投资兴办容易,投资回收期短。据有关资料表明,在正常经营情况下,公路运输的投资每年可周转1~3次,而铁路运输则需要3~4年才能周转一次。

5. 掌握车辆驾驶技术较易

与火车司机或飞机驾驶员的培训要求来说,汽车驾驶技术比较容易掌握,对驾驶员的各方面素质要求相对也比较低。

6. 运量较小,运输成本较高

目前,世界上最大的汽车是美国通用汽车公司生产的矿用自卸车,长20多米,自重610吨,载重350吨左右,但仍比火车、轮船少得多;由于汽车载重量小,行驶阻力比铁路大9~14倍,所消耗的燃料又是价格较高的液体汽油或柴油,因此,除了航空运输,就是汽车运输成本最高了。

7. 运行持续性较差

据有关统计资料表明,在各种现代运输方式中,公路的平均运距是最短的,运行持续性较差。如我国1998年公路平均运距客运为55千米,货运为57千米,铁路客运为395千米,货运为764千米。

8. 安全性较低,污染环境较大

据历史记载,自汽车诞生以来,已经吞噬掉3 000多万人的生命,特别是20世纪90年代开始,死于汽车交通事故的人数急剧增加,平均每年达50多万人。这个数字超过了艾滋病、战争和结核病导致的每年的死亡人数。汽车所排出的尾气和引起的噪声也严重地威胁着人类的健康,是大城市环境的最大污染源之一。

三、航空运输(Air Transport)

航空运输是使用飞机、直升机及其他航空器运送人员、货物、邮件的一种运输方式,具有快速、机动的特点。一般是比较急用的货物,公路运输不能符合客户要求时效的情况下,客户会选择空运。空运以其迅捷、安全、准时的超高效率赢得了相当大的市场,大大缩短了交货期,对于物流供应链加快资金周转及循环起到了极大的促进作用。航空运输是现代旅客运输,尤其是远程旅客运输的重要方式;为国际贸易中的贵重物品、鲜活货物和精密仪器运输所不可缺,但空运相对海运成本较高。

航空运输具体的运作方式主要有:班机运输、包机运输、集中托运方式、航空急件传送、货到付款方式,以及集装箱运输方式等。

四、其他运输方式

(一) 管道运输(Tube Transport)

管道运输是用管道作为运输工具的一种长距离输送液体和气体物资的运输方式,是一种专门由生产地向市场输送石油、煤和化学产品的运输方式,是统一运输网中干线运输的特殊组成部分。有时候,气动管也可以做到类似工作,以压缩气体输送固体舱,而内里装着货物。管道运输石油产品比水运费用高,但仍然比铁路运输便宜。大部分管道都是被其所有者用来运输自有产品。

管道运输不仅运输量大,连续、迅速、经济、安全、可靠、平稳,而且投资少、占地少、费用低,并可实现自动控制。除广泛用于石油、天然气的长距离运输外,还可运输矿石、煤炭、建材、化学品和粮食等。管道运输可省去水运或陆运的中转环节,缩短运输周期,降低运输成本,提高运输效率。当前管道运输的发展趋势是:管道的口径不断增大,运输能力大幅度提高,管道的运距迅速增加,运输物资由石油、天然气、化工产品等流体逐渐扩展到煤炭、矿石等非流体。中国目前已建成大庆至秦皇岛、胜利油田至南京等多条原油管道运输线。

(二) 邮政运输(Parcel Post Transport)

邮政运输是指通过邮局寄交进出口货物的一种运输方式。邮政运输比较简便,只要卖方根据买卖合同中双方约定的条件和邮局的有关规定,向邮局办理寄送包裹手续,付清邮费,取得收据,就完成交货任务。

国际邮政运输分为普通邮包和航空邮包两种,对每件邮包的重量和体积都有一定的限制。如一般规定每件长度不得超过1米,重量不得超过20公斤,但各国规定也不完全相同,可随时向邮局查问。邮政运输一般适合于量轻体小的货物,如精密仪器、机械零配件、药品、样品和各种生产上急需的物品。

实训操作

李林准备说服在外贸公司工作的朋友合伙开一家货运代理公司。为了更有说服力,并把现在货运行业的发展形势及行业前景展现给将来的合伙人,李林需要对货运行业发展前景做出一份客观的调研报告。

报告内容应涵盖以下内容:

1. 近五年国际货运行业发展形势数据。
2. 近五年中国货运行业发展形势数据。
3. 近五年中国对外贸易总体形势。
4. 参与国际贸易运输的组织有哪些?
5. 国际货物运输过程中所涉及的运输部门都有哪些?不同部门有哪些运输公司?排行怎样?发展现况如何?

任务二 熟悉国际货运代理业务范围

 导入案例

通过完成货运行业发展前景的调研,李林和他的朋友都坚定了做国际货运代理的信心,但是具体货运代理公司所经营的业务范围是否与外贸企业所做的国际贸易有所差别呢?公司的服务对象又有哪些不同呢?

要创业只有方向还不够,李林准备对国际货运代理行业进行深入了解,为公司做一份业务规划。

 **任务要求**

熟悉国际货运代理的具体工作

 任务流程

1. 搜集相关资料
2. 对相关资料进行分析总结
3. 形成书面报告

 知识要点

1. 国际货运代理作用及代理人的分类
2. 国际货运代理服务对象及业务范围
3. 中国国际货运代理企业

 技能要求

1. 掌握查询相关资料的方法
2. 熟悉国际货运代理业务的范围和对象
3. 分析中国国际货运代理企业的类型

第一节　分析国际货运代理行业

一、国际货运代理的概念

关于国际货运代理业，《中华人民共和国国际货物运输代理业管理规定》做了明确的定义：是指接受进出口货物收货人、发货人的委托，以委托人的名义或者以自己的名义，为委托人办理国际货物运输及相关业务，并收取服务报酬的行业。

国际货运代理人是接受委托方的委托，办理货物运输、转运、仓储、装卸等相关工作。国际货运代理人需要与货物托运人订立运输合同，与运输部门签订合同，对货物托运人来说，国际货运代理人在委托业务中是货物的承运人。

目前，许多货物代理公司拥有各种运输工具和储存货物的库场，其经营业务范围包括办理包括海、陆、空在内的各式货物运输工作。

二、国际货运代理行业的产生和发展

随着商品经济的不断发展，世界各国贸易的发展以及分工的需要，商人们的活动无论是在地域上还是在交易规模与频率上都有了显著加强。频繁的经济活动经常由于时间、空间、精力、知识技能等条件的限制，使当时的人们无法亲自完成全部的经济行为，代理行业便由此兴盛起来。最早的国际货运代理行业由报关行应运而生，大批专业的人员专门从事接受委托、代理报关、办理保险、联系运输、代办各项进出口的繁杂事务，因此，国际货运代理行业逐渐独立于国际贸易和国际运输，成为一个专业的为委托人提供全方位服务的行业。国际货运代理随着全球化和国际贸易的深入发展，承担着在国际贸易中保持畅通的润滑作用，是国际贸易不可或缺的组成部分，见表2-1。

国际运输代理行业虽然是处于国际贸易与国际运输之间的边缘产业或共生产业，但随着国际贸易与国际运输的发展而发展。国际货物运输由于其业务范围遍布全球各地，涉及面广，环节多，情况复杂多变，任何一个运输业者或货主都不可能到世界各地亲自处理每一项具体业务，于是很多业务就需委托代理人代为办理。为了适应这种需要，在国际贸易与国际运输之间便产生了国际运输代理。他们以自己在运输行业中的专门技能和广泛的社会联系渗透到运输领域内的各个环节，成为国际货物运输不可或缺的组成部分。

国际运输代理根据其代理业务的性质和范围不同，大致有租船代理、货运代理、船务代理和咨询代理四大类。国际货运代理根据客户的指示，并为客户的利益揽取货物，保证安全、迅速、经济地运送货物，因而被认为是国际货物运输的组织者和设计者。可以简明地说：国际货运代理是货主与承运人之间的中间人、经纪人或运输组织者。

表2-1　国际货运代理业发展历程

10世纪	海上贸易不断扩大，港口及大城市出现了公共仓库，欧洲交易会的举办促使货运代理业发展起来。
13世纪	货运代理业务内容更加丰富，出现了根据国际贸易货主需要收集运输信息，选择承运人，组织安排货物运输，代为办理手续等具体业务。
16世纪	货运代理业务逐步精确化、标准化，相当数量的货运代理公司可以签发自己的提单、运单及仓储收据。

续表

18世纪	货运代理义务向系统化、专业化方向发展,货运代理公司把多笔运往同一目的地的货物进行集中托运,办理投保。货运代理行业也逐渐从运输行业脱离,演变为中间性质的独立行业。
19世纪	行业组织建立,1880年在莱比锡召开第一次国际货运代理代表大会。
20世纪	国际合作取得更大的发展,1926年在维也纳成立了国际货运代理协会联合会(简称"菲亚塔"),16个国家的货运代理协会参与。

国际货运代理是国际运输代理中的一类,从公元10世纪起就开始存在,它随公共仓库在港口与城市的建立、海上贸易的扩大、运输的发展而不断壮大。起初,国际货运代理作为厂家、商人的佣金代理,依附于货方,进行各种诸如联系装卸、结关、储运、销售、收款等经营管理事宜。12至13世纪,欧洲手工业和商品交换日益繁荣,海上贸易发展起来,首先是地中海沿岸航运便利的意大利城邦,以后逐渐扩展到西欧等国,不同的商品所有者通过各种契约关系组成专门经营海上运输的组织。由于海上贸易的特点,商人们往往不亲自出海,而将货物或其业务交给其代表或代理人经营。18世纪货运代理开始越来越多的把几家托运人运往同一目的地的货物集中起来托运,同时开始办理投保,逐步地由过去依附于货方开始发展成一个独立的行业。传统的国际货运代理供应链模式如图2-1所示。

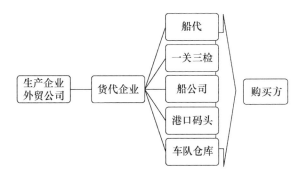

图2-1 传统国际货运代理供应链模式

蒸汽时代的到来,运输业随着蒸汽机的应用经历了一场革命。大型轮船与汽动吊机的出现使海上运输业的成长空间大为拓展,国际货运代理也随着海洋运输的日渐重要在本国经济中占据了一定的地位,并建立了行业组织。进入20世纪以后,国际货运代理间的国际合作有了较大发展,同时国际货运代理也从传统的海运领域延伸到航空运输、公路运输、集装箱运输领域。

国际货运代理由于其业务特点,十分注重业务网络的建立。当欧洲在工业革命中成为世界工场之时,欧洲各地的国际货运代理建立了国际货运代理协会。1880年在莱比锡召开了第一次国际货运代理代表大会,这是一次国家级的货代协会代表大会。进入20世纪,国际货运代理的国际合作有了较大发展,这里需要着重指出的是1926年5月由16个国家的货运代理协会在维也纳成立的国际货运代理协会联合会。(简称FIATA或菲亚塔)

菲亚塔是国际货运代理的行业组织,总部设在瑞士苏黎世,目的是保障和提高货运代理在全球的利益。菲亚塔是全球范围内运输领域最大的非政府和非营利性组织,该联合会有95个一般会员,2 400个联系会员,遍布85个国家和地区,包括3 500个国际货运代理公司。由于该联合会广泛的国际影响,菲亚塔是联合国经济及社会理事会和联合国贸易与发展大会的咨询者。菲亚塔的最高权力机构是大会,两年举行一次大会,大会选举产生执行委员会,下设十个技术委员会。

在国际货运代理业区域发展方面,欧美发达国家的货代公司借助于本国的经贸实力控制着当今世界的国际货运代理业务。此外,一些市场经济不发达国家的货代公司一方面受到本国经济发展水平的限制,另一方面管理滞后、缺少培训、业务网络不健全,从而影响了此类货代公司的发展,相对于发达国家的货代公司,他们在国际市场上的地位不高。值得一提的是,随着亚太地区的经济发展,联合国亚太经社理事会和菲亚塔对亚太地区给予了更多关注,1977年,菲亚塔在孟买设立了亚洲秘书处,以推动会员在亚洲地区的活动。

国际货运代理行业正向着更深、更广、更全面的服务行业发展,简单的货运代理人角色已经成为过去,国际贸易的长足发展使得货运代理行业必须在全球范围内展开广泛的合作,目前,国际货运代理已经成为海、陆、空多种运输方式的代理,甚至有80%的空运货物由空运代理所把握。并且,随着集装箱运输业务的空前发展,国际货运代理也占据了海上运输的极大比例。行业的发展使货运代理业务日益具体化,如图2-2所示。

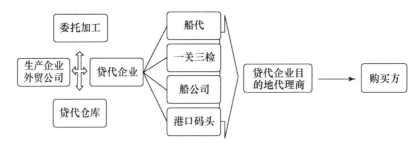

图2-2 拥有国际网络的货代企业供应链模式

通过图2-1与图2-2的对比可以发现当代货代企业更多地承担了全面为客户提供服务的责任,国际货代行业的发展朝着专业化、全面化的方向前进。

三、现代货运代理作用

货运代理参与了同货运有关的诸多活动,可以归纳为以下方面:为客户选择最适合的运输方式,为客户选择最适当的承运人并签订运输合同,组织货物拼装,制备有关单证,协助客户达到有关法规和信用证的要求,代为清关,就包装向用户提出建议,代办运输保险,代办仓储、分拨业务,对运输中的货物进行监管等。

1. 向用户提出关于最佳运输方式的建议

货运代理的最终目的,在于将货主的要求和商业交易的要求同各种运输方式进行最佳的匹配。而要做到这一点,货运代理人就必须具备关于各种运输方式的知识,并对货物和市场有所了解。只有这样,才能客观公正地在下列多种运输方式中进行最佳选择和组合:拖车服务、常规海运服务、包裹服务、滚装运输服务、集装箱拼箱服务等等。

各种运输方式的经济性、快速性、适货性是不同的,对某种货物而言各有利弊。货运代理要从用户利益出发,力求运费最低;而承运人从自身利益出发,力求营运收益最高。货运代理在业务洽谈中,必须注意这一点,找到其平衡点。

2. 选择最合适的承运人并签订运输合同

选定运输方式以后,下一个重要步骤就是选择合适的承运人。运送时间、发送频度、到达时间、车船国籍等都是至关重要的因素。代理人代客户确定实际承运人以后,即可签约订舱。在正常运输线路受到罢工、停工或交通堵塞影响时，代理人可酌情变更运送方式，这是与承运人的不同之处。

代理人要圆满完成任务，必须熟悉1990年国际商会《国际贸易术语解释通则》(INCO-TERMS)，比如，EXW(工厂交货价)、FOB(船边交货的离岸价)、CIF(成本加保险加运费的到岸价)等在国际贸易中的实际应用。一个好的货运代理人，既要了解客户的要求和货物的特性，又要能凭借业务知识，为客户选择最合适的交易条件。

3. 组织货物的拼装

随着跨国经营和货运"批多量少"趋势的发展，有时货源与目的港都很分散，必须采用另一种运输方式。有时没有现成的运输方式可用，就要作出特别的运输安排，把小批量货物集中起来进行拼箱运输。

货运代理组织货物的拼装和混载运输，这时他的身份与承运人或无船承运人(NVOC)相似，不能再以代理人的身份出面签单。英国国际货物运输协会的成员公司碰到这种情况时，通常是签发菲亚塔提单(FIATA bills of lading)，这种全程运输单是可以被银行接受的。

4. 制备货运单证

货运代理人在安排运输的过程中，要按照不同的运输方式和商业交易的要求，制备货运代理和适合相关运输方式的单证。如提单、空运单、菲亚塔提单或国际公路运输单(CMR notes)，一般在其内容上都有一些特殊的规定和声明。

5. 协助用户达到有关法规与信用证的要求

在运输过程中，发生了违规问题以后再查找原因，那要付出沉重的代价。货运代理人负有安排全程运输的责任，应通晓运输业务过程，事前周密防范，必要时得向有关主管部门了解对某种货物的具体要求及其限制规定。

跟单信用证之所以造成延误，原因往往在于文字错误、表达不清或不符合领事签证的要求等。货运代理在制备产地证明、装箱单或其他单证时，务必使其符合有关法规、合同条款的要求并符合商业习惯。

6. 代为备检和办理清关

货物从一个国家运抵另一个国家，要经过海关的仔细检查。以欧共体各国之间的货物运输而言，为了防止毒品走私、非法进入和暴力行为，海关对成员国的货物也必须进行一定的检查。至于一般国家之间的货物进出口，自然更加严格。货运代理人或其办事机构应代客户认真做好货物受检和清关工作。

7. 就货物包装要求向用户提出建议

货物包装要求既要符合自身特性，又要适应不同运输方式的风险防范。而且，各国法律的规定也不完全一致。比如，纸板箱散装在集装箱中，是不准从新加坡运往沙特阿拉伯吉达港的。有些表面上没有问题的货物，如润色漆、烟雾剂，其实是应该作为危险货物处理的。货运代理人应自备《国际危规》，以便就货物包装问题向用户提出建设性意见。

8. 代办运输保险、仓储及分拨业务

国际运输比国内运输中转环节多，货损、货差或延误的风险更大。货运代理人应根据可能存在的风险，代用户确定保险范围，办理好投保事宜。货运代理人根据其办事机构和代理网络关系，考虑并决定所运货物是即时分拨还是进行临时仓储。

9. 运输中的货物跟踪监管

货物在运输途中发生延误或其他问题,不论是涉及海关、银行、保险或承运人,货运代理都有责任跟踪监管并代客户进行处理。

一个成熟的货运代理人,应把上述几方面都纳入自己的业务范围,并根据合同承担其相应的责任。我国目前虽然已经有 1 400 家经批准的国际货代企业,但是上规模的不多,服务手段一般比较落后,我国国际货运代理业的法规还欠完善,行业管理的力度不足。我国货运代理业,特别是国际货运代理业还有很长的路要走。

第二节 熟悉国际货运代理服务对象及工作内容

一、国际货运代理的工作内容

(一) 面向各服务对象的具体服务范围

货运代理业衔接国际运输行业中的各个部门,与各部门协作,同时又为各个部门提供服务。表 2-2 是国际货运代理所从事的主要业务。

表 2-2 国际货运代理的具体服务范围

1	为发货人服务	货代代替发货人承担在不同货物运输中的任何一项手续: 1. 以最快最省的运输方式,安排合适的货物包装,选择货物的运输路线。 2. 向客户建议仓储与分拨。 3. 选择可靠、效率高的承运人,并负责缔结运输合同。 4. 安排货物的计重和计量。 5. 办理货物保险。 6. 货物的拼装。 7. 装运前或在目的地分拨货物之前把货物存仓。 8. 安排货物到港口的运输,办理海关和有关单证的手续,并把货物交给承运人。 9. 代表托运人/进口商承付运费、关税税收。 10. 办理有关货物运输的任何外汇交易。 11. 从承运那里取得各种签署的提单,并把他们交给发货人。 12. 通过承运人与货运代理在国外的代理联系,监督货物运输进程,并使托运人知道货物去向。
2	为海关服务	当货代理作为海关代理办理有关进出口商品的海关手续时,他不仅代表货主,而且代表海关当局。事实上,在许多国家,货运代理得到了这些当局的许可,办理海关手续,并对海关负责,负责审核单证中申报货物确切的金额、数量、品名,以使政府在这些方面不受损失。
3	为承运人服务	货运代理向承运人及时定舱,议定对发货人、承运人都公平合理的费用,安排适当时间交货,以及以发货人的名义解决和承运人的运费账目等问题。
4	为航空公司服务	货运代理在空运业上,充当航空公司的代理。国际航空运输协会以空运货物为目的,而在制定的规则上,货代被指定为国际航空协会的代理。在这种关系上,货运代理利用航空公司的货运手段为货主服务,并由航空公司付给佣金。同时,作为一个货运代理,它通过提供适于空运程度的服务方式,继续为发货人或收货人服务。
5	为班轮公司服务	货运代理与班轮公司的关系,随业务的不同而不同,近几年来由货代提供的拼箱服务,即拼箱货的集运服务已建立了货代与班轮公司及其他承运人(如铁路)之间的较为密切的联系,然而一些国家却拒绝给货运代理支付佣金,所以货代在世界范围内争取对佣金的要求。

任务二 熟悉国际货运代理业务范围

续表

6	提供拼箱服务	随着国际贸易中集装运输的增长,引进集运和拼箱的服务,在提供这种服务中,货代担负起委托人的角色。集运和拼箱的基本含义是:把一个出运地若干发货人发往另一个目的地的若干收货人的小件货物集中起来,作为一个整件运输的货物发往目的地的货代,并通过它把单票货物交给收货人。货代签发提单,即分提单或其他类似收据交给每票货的发货人;货代目的港的代理,凭初始的提单交给收货人。拼箱的收、发货人不直接与承运人联系,对承运人来说,货代是发货人,而货代在目的港的代理是收货人。因此,承运人给货代签发的是全程提单或货运单。如果发货人或收货人有特殊要求的话,货代也可以在出运地和目的地从事提货和交付的服务,提供门到门的服务。
7	提供多式联运服务	在货代作用上,集装箱化的一个更深远的影响是他介入了多式联运,这是他充当了主要承运人并承担了组织一个单一合同下,通过多种运输方式进行门到门的货物运输。它可以当事人的身份,与其他承运人或其他服务提供者分别谈判并签约。但是,这些分拨合同不会影响多式联运合同的执行,也就是说,不会影响发货人的义务和在多式联运过程中,他对货损及灭失所承担的责任。在货代作为多式联运经营人时,通常需要提供包括所有运输和分拨过程的一个全面的"一揽子"服务,并对它的客户承担一个更高水平的责任。

（二）针对不同业务角色的具体工作内容

国际货运代理通常是接受客户的委托完成货物运输的某一个环节或与此有关的各个环节,可直接或通过货运代理及货代雇佣的其他代理机构为客户服务,也可以利用货代的海外代理人提供服务。其主要服务内容包括,见表2-3。

表2-3 国际货运代理的具体工作内容

1	代表发货人（出口商）	(1) 选择运输路线、运输方式和适当的承运人; (2) 向选定的承运人提供揽货、订舱; (3) 提取货物并签发有关单证; (4) 研究信用证条款和所有政府的规定; (5) 包装; (6) 储存; (7) 称重和量尺码; (8) 安排保险; (9) 办理货物的港口后的报关及单证手续,并将货物交给承运人; (10) 做外汇交易; (11) 支付运费及其他费用; (12) 收取已签发的正本提单,并交付发货人; (13) 安排货物转运; (14) 通知收货人货物动态; (15) 记录货物灭失情况; (16) 协助收货人向有关责任方进行索赔。
2	代表收货人（进口商）	(1) 报告货物动态; (2) 接收和审核所有与运输有关的单据; (3) 提货和支付运费; (4) 安排报关、付税及其他费用; (5) 安排运输过程中的存仓; (6) 向收货人交付已结关的货物; (7) 协助收货人储存或分拨货物。
3	作为多式联运经营人	(1) 收取货物并签发多式联运提单; (2) 承担承运人的风险责任,对货主提供一揽子的运输服务。

续表

4	其他服务	根据客户的特殊需要进行监装、监卸、货物混装和集装箱拼装、拆箱、运输、咨询服务等。
5	特种货物	装挂运输服务及海外展览运输服务等。

在发达国家,由于货运代理发挥运输组织者的作用巨大,故有不少货运代理主要从事国际多式联运业务。而在发展中国家,由于交通基础设施较差,有关法规不健全以及货运代理从业者的素质普遍不高,国际货运代理在作为多式联运经营人方面发挥的作用较小。

二、国际货运代理责任分类

(一) 以纯粹代理人的身份出现时的责任划分

货代公司作为代理人,在货主和承运人之间起到牵线搭桥的作用,由货主和承运人直接签运输合同。货代公司收取的是佣金,责任小。当货物发生灭失或损坏的时候,货主可以直接向承运人索赔。

(二) 以当事人的身份出现时的责任划分

(1) 货代公司以自己的名义与第三人(承运人)签订合同;

(2) 在安排储运时使用自己的仓库或者运输工具;

(3) 以上这三种情况,对于托运人来说,货运代理则是作为承运人,承当承运人的责任。

(三) 以无船承运人的身份出现时的责任划分

当货运代理从事无船承运业务并签发自己的无船承运人提单时,便成为无船承运经营人,被看做是法律上的承运人,他一身兼有承运人和托运人的性质。

(四) 以多式联运经营人的身份出现时的责任划分

当货运代理负责多式联运并签发提单时便成了多式联运经营人(MTO),被看做是法律上的承运人。

1. 联合国《多式联运公约》规定 MTO 对货物灭失或延迟交付的赔偿责任

(1) 对于货物灭失或损坏的赔偿限额最多不超过每件或每运输单位 920SDR,或每公斤不得超过 2.75SDR,以较高者为准。但是国际多式联运如果根据合同不包括海上或内河运输,则 MTO 的赔偿责任按灭失或损坏货物毛重每公斤不得超过 8.33SDR 计算单位;

(2) 对于货物的迟延交付,规定了 90 天的交货期限,MTO 对迟延交货的赔偿限额为迟延交付货物运费的 2.5 倍,并不能超过合同的全程运费。

2. 我国《海商法》规定 MTO 对货物灭失或延迟交付的赔偿责任

(1) 对于货物灭失或损坏:每件或者每个其他运输单位 666.67SDR,或按照灭失或损坏的货物毛重,每公斤 2SDR,以两者中较高的为准;

(2) 对于迟延交付,我国的《海商法》规定货物交付期限为 60 天,MTO 迟延交付的赔偿限额为迟延交付货物的运费数额,但承运人的故意或者不作为而造成的迟延交付则不享受此限制。

(五) 以"混合"身份出现时的责任划分

货运代理,从事的业务范围较为广泛,除了作为货运代理代委托人报关、报检、安排运输外,还用自己的雇员,以自己的车辆、船舶、飞机、仓库及装卸工具等来提供服务,陆运阶段为承运人，海运阶段为代理人。对于货运代理的法律地位的确认，不能简单化，而应视具体的情况具体分析。

（六）以合同条款为准的责任划分

在不同国家的标准交易条件中，往往详细订明了货运代理的责任。通常，这些标准交易条件被结合在收货证明或由货运代理签发给托运人的类似单证里。

第三节 中国国际货运代理企业

一、我国国际货运代理业的发展

从1840年鸦片战争后，随着殖民主义者的入侵，资本主义的贸易、海关、航运、保险等行业在中国建立起来，国际货运代理行业也逐渐形成。到1949年中华人民共和国成立前，中国的货代行业几乎全部被帝国主义和资本主义国家的洋行所控制和垄断，主要是英商太古和怡和洋行，民族资本的货代企业无法形成有影响的独立行业。

中华人民共和国成立初始，我国就建立了国营的对外贸易运输企业——中国对外贸易运输总公司（以下简称中外运）。1956年全行业实行公私合营，中华人民共和国成立以前的旧报关行和运输行经过社会主义改造，都并入到各地外运分公司，中外运从1949年到1983年期间成为我国唯一的外贸进出口专业公司的货运总代理。这是由我国当时实行的对外贸易统制政策所决定的。

改革开放后，我国的外贸体制和货运代理体制都已暴露出不适应新形势要求的现象，客观上需要以中国远洋运输（集团）总公司（以下简称中远）为主体的承运人和以中外运为主体的货运代理人建立新型的业务合作关系。1983年国务院曾试图合并中远与中外运，但没有成功，政府行政无法解决的，只好由市场竞争来解决。从1984年开始中远与中外运互相兼营，打破了中外运一家经营的局面。此外，货代的行业管理也有明显改善，货运代理市场整顿初见成效，货代行业管理规定及其实施细则和外商投资货代企业审批办法等一系列法规出台。同时行业管理自治也有了长足发展，目前，我国除国家级的国际货运代理协会以外，还有16家地方性的货运代理协会。

二、我国国际货运代理业的现状

近年来，随着世界各国经济贸易往来的日益频繁，跨国经济活动在持续稳步的增加，世界经济一体化进程不断加快，国际货运代理行业也在世界范围内迅速发展起来。中国国际货运代理行业相对起步较晚，历史较短，但是由于国家重视，政策鼓励，规范发展，使得中国的国际货运产业发展十分迅速。目前，我国国际货运代理企业遍布全国各省、自治区、直辖市，分布在30多个部门和领域，国有、民营、外商投资、股份制等多种经济成分并存，已经成为中国对外贸易运输事业的重要力量，对于中国对外贸易和国际运输事业的发展，乃至国民经济的发展作了重要的贡献。

1. **不断开放的行业政策**

中国的国际货运代理行业进入门槛很高，政府对自然人直接设立国际货代一直没有开放。中国加入WTO之后，各行各业都加大了对内开放的深度和广度。2008年，中国的进出口经营权全面放开，凡注册资本在100万元人民币的流通企业，无论是何种经济性质，都可以申请进出口资格,政府实行核准制。目前,有关部门正在开展调研,以此论证允许自然人直接持股国际货代企业的可行性和操作规程,一旦允许自然人持股国际货代企业,将迅速引爆民营货代市场。我国政府主管部门将会对国际货代采取一系列对内开放措施。

2. 行业发生的裂变与整合

面对全球经济一体化,货代和物流行业将按市场规则进行整合和裂变,大致有三个方向:其一,包装上市。目前,中外运和中远都有物流版块的上市公司,还有一些国有大型物流公司,比如中铁系统、中邮系统等,正在整合物流资源,准备以物流为核心业务上市。其次,网络化经营。中国的货代和物流公司在网络化方面比较薄弱,可以说没有一家货代公司在海外建立了自己的代理网络,只有少数公司在全国范围建立网络。随着业务的发展,货代公司必须在国内、国外建立健全代理网络,通过联盟形式,快速实现网络化经营。再次,专业化经营。"大而全、小而全"已经不能适应市场的发展。货代企业,尤其是中小型货代,应该找准自己的市场定位,发展具有自身特色的业务,走专业化经营之路,强化自身在某个领域的核心竞争力。整合和裂变之后,货代和物流行业将出现一些上市公司、一批网络化企业和众多的专业化公司。

3. 外资、国有、民营三足鼎立

DHL、FedEx、Shenkers、Eagle、Bax、Nippon 等外国企业大多是以中外合资的形式进入中国市场,有的企业合作得非常默契,即使政策允许外资独资,他们也不会放弃中国的合作伙伴;有的合资企业可能要随着政策开放对合作方式进行战略性调整,转变成独资公司。届时,中外合资企业、外方控股企业和外商独资企业将成为中国市场一道靓丽的风景线,国有货代企业将是中国市场的主力军。中外运、中远、中海、中铁、中邮等大型国有企业正努力抓住市场经济发展机遇,由传统的货代企业向现代物流企业转型,努力打造出具有国际竞争能力的国家队。民营企业是最具有活力的新生力量,中国市场上涌现出一大批民营货代和物流企业,他们产权清晰、轻装上阵、体制灵活,具有强大的生命力。因此,我们很快就会发现外资公司、国有企业和民营企业发展成为三支劲旅,在中国的货代和物流市场强烈角逐,逐渐形成三足鼎立之势。

三、中国国际货运代理协会

(一) 中国国际货运代理协会介绍

中国国际货运代理协会,英译名称为:China International Freight Forwarders Association(简称 CIFA),其标志如图 2-3 所示。CIFA 是国际货运代理协会联合会(FIATA)的国家会员。

图 2-3 中国国际货运代理协会标志

中国国际货运代理协会是经国家主管部门批准从事国际货运代理业务、在中华人民共和国境内注册的国际货运代理企业,以及从事与国际货运代理业务有关的单位、团体、个人自愿结成的非营利性的具有法人资格的全国性行业组织,是国际货运代理行业的全国性中介组织,于 2000 年 9 月 6 日在北京成立。

中国国际货运代理协会的宗旨是:协助政府部门加强对我国国际货代行业的管理,维护国际货代业的经营秩序,推动会员企业间的横向交流与合作,依法维护本行业利益,保护会员企业的合法权益,促进对外贸易和国际货代业的发展。

中国国际货运代理协会是中国各省市自治区国际货运代理行业组织、国际货运代理企业、与货运代理相关的企事业单位自愿参加的社会团体,亦吸纳在中国货代、运输、物流行业有较高影响的个人。目前,CIFA 拥有会员近 600 家,其中理事 84 家,常务理事 33 家。

(二)中国国际货运代理协会的主要职能

(1)贯彻执行《中华人民共和国国际货物运输代理业管理规定》及国家有关的法规政策,协助政府部门加强对国际货运代理业的管理。

(2)对国内外市场情况进行调查、研究、统计、分析,为会员提供信息咨询服务,为政府制定行业发展规划和管理政策提供建议。

(3)了解会员开展业务的情况和企业所遇到的困难问题,向政府部门和有关部门以及团体反映会员的要求和建议,积极协助解决问题,保护会员合法权益。

(4)负责制定行业自律准则,制止非法经营和不公平或不正当竞争,维护行业正常经营秩序。

(5)在上级主管部门的指导下制定和推行行业操作及服务标准,如制定和推行行业统一单证和标准交易条款,建立货运代理责任保险制度等。根据制定的标准积极推行和进行监督指导,提高行业服务水平。

(6)代表本行业协调与国内外相关政府部门、货主、承运人及其国外代理等组织的关系,保护行业利益,维护行业信誉。

(7)代表本行业参加国际性同行业组织,出席有关国际会议,与各国和地区的同行业组织建立业务联系,促进国际间的合作和交流。

实训操作

为便于今后国际货运业务顺利的展开,李林在了解国际货运代理业务范围的同时,需要针对自身优势拟定新公司的业务范围计划。

结合国际货运代理企业的大宗业务内容,请为公司制定一份完备的"××国际货运代理公司业务范围"介绍书。

任务三 成立国际货运代理公司

 导入案例

经过前期对国际货物运输行业的调研和对国际货运代理业务的规划,李林和他的朋友已经坚定了开展国际货运代理业务的决心。新公司的筹建需要办理注册、登记、备案,需要办理相关业务的申请和审批,需要招募具备业务能力的员工,每项工作都要按程序进行,需要到指定直属机构去办理。在办理所有手续之前,李林必须提前把相关程序和规定搞清楚、查仔细,材料准备齐全。

 任务要求

设立一家国际货运代理公司,为能够合法地进行经营活动,按国家规定程序开展国际货运代理业务,完成前期的所有申报及登记程序。

 任务流程

1. 根据要求办理工商注册登记
2. 招聘满足国际货运代理从业资格员工
3. 办理国际货物运输代理企业申请

 知识要点

1. 国际货运代理公司成立前提及资格
2. 工商注册登记程序和所需文件
3. 国际货运代理从业资格
4. 国际货物运输代理企业的设立与终止

 技能要求

1. 掌握设立国际货运代理企业的资格要素
2. 能够完成申请工商注册登记的相关程序
3. 熟悉国际货运代理从业资格及相关培训和考试
4. 能够完成申请国际货物运输代理企业的相关程序

第一节　中国国际货运代理企业的设立

一、国际货运代理企业的设立相关规定

中华人民共和国国际货物运输代理业管理规定

第一章　总则

第一条　为了规范国际货物运输代理行为，保障进出口货物收货人、发货人和国际货物运输代理企业的合法权益，促进对外贸易的发展，制定本规定。

第二条　本规定所称国际货物运输代理业，是指接受进出口货物收货人、发货人的委托，以委托人的名义或者以自己的名义，为委托人办理国际货物运输及相关业务并收取服务报酬的行业。

第三条　国际货物运输代理企业必须依法取得中华人民共和国企业法人资格。

第四条　国务院对外贸易经济合作主管部门负责对全国的国际货物运输代理业实施监督管理。

省、自治区、直辖市和经济特区的人民政府对外经济贸易主管部门（以下简称地方对外贸易主管部门）依照本规定，在国务院对外贸易经济合作主管部门授权的范围内，负责对本行政区域内的国际货物运输代理业实施监督管理。

第五条　对国际货物运输代理业实施监督管理，应当遵循下列原则：

（一）适应对外贸易发展的需要，促进国际货物运输代理业的合理布局；

（二）保护公平竞争，促进国际货物运输代理业服务质量的提高。

第六条　从事国际货物运输代理业务的企业，应当遵守中华人民共和国的法律、行政法规，接受有关行业主管机关依照有关法律、行政法规规定实施的监督管理。

第二章　设立条件

第七条　设立国际货物运输代理企业，根据其行业特点，应当具备下列条件：

（一）有与其从事的国际货物运输代理业务相适应的专业人员；

（二）有固定的营业场所和必要的营业设施；

（三）有稳定的进出口货源市场。

第八条　国际货物运输代理企业的注册资本最低限额应当符合下列要求：

（一）经营海上国际货物运输代理业务的，注册资本最低限额为500万元人民币；

（二）经营航空国际货物运输代理业务的，注册资本最低限额为300万元人民币；

（三）经营陆路国际货物运输代理业务或者国际快递业务的，注册资本最低限额为200万元人民币。

经营前款两项以上业务的，注册资本最低限额为其中最高一项的限额。

国际货物运输代理企业每设立一个从事国际货物运输代理业务的分支机构，应当增加注册资本50万元。

第三章 审批程序

第九条 申请设立国际货物运输代理企业，申请人应当向拟设立国际货物运输代理企业所在地的地方对外贸易主管部门提出申请，由地方对外贸易主管部门提出意见后，转报国务院对外贸易经济合作主管部门审查批准。

国务院部门在北京的直属企业申请在北京设立国际货物运输代理企业的，可以直接向国务院对外贸易经济合作主管部门提出申请，由国务院对外贸易经济合作主管部门审查批准。

第十条 申请设立国际货物运输代理企业，应当报送下列文件：

（一）申请书；

（二）企业章程草案；

（三）负责人和主要业务人员的姓名、职务和身份证明；

（四）资信证明和营业设施情况；

（五）国务院对外贸易经济合作主管部门规定的其他文件。

第十一条 地方对外贸易主管部门应当自收到申请设立国际货物运输代理企业的申请书和其他文件之日起45天内提出意见，并转报国务院对外贸易经济合作主管部门。

国务院对外贸易经济合作主管部门应当自收到申请设立国际货物运输代理企业的申请书和其他文件之日起45天内决定批准或者不批准；对批准设立的国际货物运输代理企业，颁发批准证书。

第十二条 国际货物运输代理企业应当凭国务院对外贸易经济合作主管部门颁发的批准证书，依照有关法律、行政法规的规定，办理企业登记、税务登记手续。

第十三条 申请人自收到批准证书之日起180天内无正当理由未开始营业的，国务院对外贸易经济合作主管部门应当撤销批准证书。

第十四条 批准证书的有效期为3年。

国际货物运输代理企业在批准证书有效期届满时，需要继续从事国际货物运输代理业务的，应当在批准证书有效期届满的30天前向国务院对外贸易经济合作主管部门申请换领批准证书。

国际货物运输代理企业未依照前款规定申请换领批准证书的，其从事国际货物运输代理业务的资格自批准证书有效期届满时自动丧失。

第十五条 国际货物运输代理企业终止营业，应当依照本规定第九条规定的设立申请批准程序，报告所在地的地方对外贸易主管部门或者国务院对外贸易经济合作主管部门并缴销批准证书。

第十六条 国际货物运输代理企业申请设立从事过货物运输代理业务的分支机构，应当依照本章规定的程序办理。

二、外商投资国际货运代理企业的设立

《外商投资国际货物运输代理企业管理办法》已于2005年10月19日经由中华人民共和国商务部第十五次部务会议修订通过，修订后的《外商投资国际货物运输代理企业管理办法》2005年12月11日施行。具体内容如下：

外商投资国际货物运输代理企业管理办法

第一条 为促进中国国际货运代理业的健康发展,规范外商投资国际货物运输代理企业的设立及经营行为,根据有关外商投资企业法律、法规和《中华人民共和国国际货物运输代理业管理规定》,制定本办法。

第二条 本办法所称的外商投资国际运输代理企业是指外国投资者以中外合资、中外合作以及外商独资形式设立的接受进口货物收货人、发货人的委托,以委托人的名义或者以自己的名义,为委托人办理国际货物运输及相关业务并收取服务报酬的外商投资企业(以下简称外商投资国际货运代理企业)。

第三条 外商投资设立经营国际快递业务的国际货运代理企业由商务部负责审批和管理;外商投资设立经营其他业务的国际货运代理企业由各省、自治区、直辖市、计划单列市及新疆生产建设兵团商务主管部门(以下简称省级商务主管部门)负责审批和管理。

本办法实施前已设立的外商投资国际货运代理企业,如不从事国际快递业务,其变更等事项由注册地省级商务主管部门负责代理。

第四条 外商投资国际货运代理企业应遵守中华人民共和国法律、行政法规及相关规章,其正当经营活动及合法权益受中国法律的保护。

第五条 外商投资者可以合资、合作方式在中国境内设立外商投资国际货运代理企业。

自2005年12月11日起,允许设立外商独资国际货运代理企业。

外国投资者可以收购股权方式收购已设立的国际货运代理企业,但股权比例以及投资者资质须符合本规定要求,涉及国有资产须按有关法律、法规的规定办理。

第六条 设立外商投资国际货运代理企业注册资本最低限额为100万美元。

自2005年12月11日起,对上述注册资本的最低要求实行国民待遇。

第七条 经批准,外商投资国际货运代理企业可经营下列部分或全部业务:

(一)订舱(船租、包机、包舱)、托运、仓储、包装;

(二)货运的监装、监卸、集装箱拼装拆装、分拨、中转及相关的短途运输服务;

(三)代理报关、报验、报检、保险;

(四)缮制有关单证、交付运费、结算及交付杂费;

(五)国际展品、私人物品及过境货物运输代理;

(六)国际多式联运、集运(含集装箱拼箱);

(七)国际快递(不含私人信函和县级以上党政机关公文的寄递业务);

(八)咨询及其他国际货运代理业务。

第八条 从事信件和信件性质物品(不含私人信函和县级以上党政军机关公文的寄递业务)国际快递业务的企业经商务主管部门批准后应向邮政部门办理邮政委托手续。

第九条 设立外商投资国际货运代理企业就按国家现行的有关外商投资企业的法律、法规所规定的程序,向省级商务主管部门呈报第十条规定的文件。

省级商务主管部门自收到全部申报文件30日内,作出同意或不同意的决定,经审查批准的,颁发《外商投资企业批准证书》;不予批准的,书面说明理由。根据本规定第三条及其他外商投资法律法规超过省级商务主管部门审批权限的,省级商务主管部门应在对报送文件进行初审后,自收到全部申请文件之日起15日内上报商务部。

商务部应收到全部申报文件 60 日内,作出同意或不同意的决定,经审查批准的,颁发《外商投资企业批准证书》;不予批准的,书面说明理由。

第十条 设立外商投资国际货运代理企业需提供如下文件:

(一)申请书;

(二)项目可行性研究报告;

(三)设立外商投资国际货运代理企业的合同、章程,外商独资设立国际货运代理企业仅需提供章程;

(四)董事会成员名单及各方董事委派书;

(五)工商部门出具的企业名称预核准通知书;

(六)投资者所在国或地区的注册登记证明文件及资信证明文件。

第十一条 外商投资国际货运代理企业正式开业满 1 年且注册资本全部到位后,可申请在国内其他地方设立分公司。分公司的经营范围应在其总公司的经营范围之内。分公司民事责任由总公司承担。

外商投资国际货运代理企业每设立一个从事国际货物运输代理业务的分公司,应至少增加注册资本 50 万人民币。如果企业注册资本已超过最低限额,超过部分,可作为设立公司的增加资本。

第十二条 申请设立分公司,应向总公司所在地省级商务主管部门提出申请,由总公司所在地省级商务主管部门在征得拟设立分公司所在地省级商务主管部门同意意见后批准。根据本规定的第三条及其他外商投资法律法规超过省级商务主管部门审批权限的,省级商务主管部门应在初审后将全部申请材料及拟设立分公司所在地商务主管部门的同意意见函上报商务部,由商务部负责审批。审批程序时限同第九条。

第十三条 外商投资国际货运代理企业设立分公司需提供以下文件:

(一)申请书;

(二)董事会决议;

(三)如增资,需提交有关增资的董事会决议及增资事项对合营合同、章程的修改协议,外商独资国际货运代理企业仅需提交章程修改协议;

(四)企业验资报告。

第十四条 鼓励外商投资国际货运代理企业参加中国国际货代协会、中国外商投资企业协会等民间团体及同业行会,自觉接受同业监督和指导。

第十五条 香港、台湾、澳门地区的公司、企业、其他经济组织和个人在大陆投资设立国际货运代理企业,参照本规定办理。

第十六条 外商投资企业申请增加国际货物运输代理业务的,参照本规定办理。

第十七条 外商投资国际货运代理企业的备案工作由商务部统一负责,具体事宜由商务部另行通知。

第十八条 本办法由商务部负责解释。

第十九条 本办法自 2005 年 12 月 11 日施行,原《外商投资国际货物运输代理企业管理办法》(对外贸易经济合作部令[2002]第 36 号)和《〈外商投资国际货物运输代理企业管理办法〉补充规定》(商务部令[2003]第 12 号)一并废止。

香港、澳门与内地货物运输代理业务。

为了促进香港、澳门与内地建立更紧密经贸关系,鼓励香港服务提供者和澳门服务提供者在内地设立从事国际货运代理业务的企业,根据国务院批准的《内地与香港关于建立更紧密经贸关系的安排》及其补充协议和《内地与澳门关于建立更紧密经贸关系的安排》及其补充协议,现就香港和澳门投资者投资国际货物运输代理业作如下补充规定:

(一)允许香港服务提供者和澳门服务提供者在内地以合资、合作、独资的形式设立国际货运代理企业。

(二)符合条件的香港服务提供者和澳门服务提供者在内地投资设立国际货运代理企业的注册资本最低限额应当符合下列要求:

1. 经营海上国际货物运输代理业务的,注册资本最低限额为500万元人民币;
2. 经营航空国际货物运输代理业务的,注册资本最低限额为300万元人民币;
3. 经营陆路国际货物运输代理业务的,注册资本最低限额为200万元人民币。

经营前款两项以上业务的,注册资本最低限额为其中最高一项的限额。

(三)香港服务提供者和澳门服务提供者在内地投资设立的国际货运代理企业在缴齐全部注册资本后,可申请在国内其他地方设立分公司。每设立一个分公司,应当增加注册资本50万元。如果企业注册资本已超过最低限额,则超过部分,可作为设立分公司的增加资本。

(四)本办法中香港服务提供者和澳门服务提供者应分别符合《内地与香港关于建立更紧密经贸关系的安排》和《内地与澳门关于建立更紧密经贸关系的安排》中关于"服务提供者"定义及相关规定的要求。

(五)香港服务提供者和澳门服务提供者申请设立国际货运代理企业的其他规定,仍按本办法执行。

第二节 国际货运代理从业资格

一、国际货运代理协会联合会

国际货运代理协会联合会(International Federation of Freight Forwarders Associations)法文缩写 FIATA——"菲亚塔"(如图3-1所示),于1926年成立,总部设在瑞士苏黎世,是一个非营利性的国际货运代理行业组织,其目的是保障全球货运代理的利益并促进行业发展。FIATA推荐的国际货运代理业示范法及制定的各种单证为保护全球货代行业的利益并促进行业的发展和规范化作出了杰出的贡献。

图3-1 国际货运代理协会联合会标志

国际货运代理协会联合会是世界国际货运代理的行业组织。该会于1926年5月31日在奥地利维也纳成立,总部设在瑞士苏黎世。其目的是保障和提高国际货运代理在全球的利益。该会是一个在世界范围内运输领域最大的非政府和非营利性组织,具有广泛的国际影响,其成员包括世界各国的国际货运代理行业,拥有76个一般会员,1 751个联系会员,遍布124个国家和地区,包括3 500个国际货运代理公司,拥有800名雇员。

FIATA国际货运代理资格证书被全世界货运代理企业广泛承认,是目前世界上货代从业人员资格证书中最具权威的证书。许多国家的政府主管或其代理机构,在审批或年审国内货运代理公司时,把"FIATA国际货运代理资格证书"的持有者人数作为一项硬性指标。

2004年9月,经严格审核并认定,FIATA总部在南非太阳城召开的2004年FIATA世界代表大会上通过了中国货代协会的申办,授权中国国际货运代理协会为中国大陆唯一有资格从事FIATA货运代理资格证书培训和考试的组织者。2005年4月5日FIATA国际货运代理资格证书中国考试中心在京成立。

二、国际货运代理培训与考试

(一) 考试科目

考试题目及答案一律采用英文。具体考试科目有:
(1) 国际货运代理基础理论(包括外贸专业知识)(考试时间2小时30分钟);
(2) 国际海上货运代理及多式联运和现代物流专业知识(考试时间3小时);
(3) 国际航空货运代理专业知识(考试时间2小时30分钟)。

各科满分均为100分,及格分数为60分。两科均及格者方可获得合格证书。单科及格者成绩可保留至下年度有效(只允许补考一次)。

凡已参加过前三次CIFA组织的国家货代资格证书培训和考试并已获证的优秀考生,年度考试总分达150分或150分以上,并且单科达75分或75分以上者,可免试上述(2)(3)科目的任选一科。

复试

上述考试合格者,在通过后一个月内,考生还须通过"案例分析"或"航线设计"或"货运最佳方案设计"及有关企业管理等方面的复试,并接受证书评审专家的面试。复试及面试成绩是考生最终能否获证的依据之一。

(二) 成绩有效期

成绩有效期为二年,考生有一次补考的机会。有关补考的报名费及培训费另行通知。培训是必须参加的。FIATA总部规定:"FIATA货运代理资格证书"的获得,必须经过FIATA授权并认证的国家级货运代理协会的资格培训,才有资格参加考试。

(三) 培训教材

培训教材须经"FIATA货运代理资格证书"认证委员会认证,并符合FIATA职业培训咨询委员会(The Advisory Body Vocational Training - FIATA ABVT)颁布的"FIATA货运代理证书获证最低标准"(Minimum Standards to Obtain the FIATA Diploma in Freight Forwarding)。经FIATA认定的教材有:CIFA组织编写的《国际货运代理基础知识》、《国际海上货运代理理论与实务》、《国际多式联运与现代物流理论与实务》、《国际航空货运代理理论与实务》、《国际货运代理专业英语》。

（四）报名条件：

（1）有一定的国际货运代理实践经验，或已接受过国际货运代理业务培训并有志于从事国际货运代理业务人员。

（2）具有高中以上学历，有志于从事国际物流工作的求职人员和在校学生。

（五）考试内容

从国际货运代理人的基本性质看，国际货运代理人主要是接受委托方的委托，就有关货物运输转运、仓储、保险，以及与货物运输有关的各种业务提供服务的一个机构。国际货运代理即代表货方，保护货方的利益又协调承运人进行承运工作，其本质就是"货物运输中间人"。随着信息化的发展，以及客户需求的不断提高，传统的货运代理纷纷摆脱"中间人身份"的局限性，通过拥有设施及拓展服务内容等，从中获取"附加价值"或"附加利益"，向独立运输经营人、混合经营人转变，从而使传统国际货运代理人的性质发生变化，目前的身份主要有传统国际货运代理人、无船承运人、国际联运经营人和物流经营人四种，他们的法律地位是各不相同的，享有的权利、承担的责任和履行的义务也相应地不同。

（六）报考流程

1. 6月份左右考生通过中国国际货运代理协会网站和货代考试中心网站，进入培训考试栏目进行网上报名（填报时请仔细阅读网上的《考生注意事项》）。

2. 报名后考生需要在指定的时间和地点办理报考资格确认手续，逾期未办理报考资格确认者不能参加考试：

（1）确认报考资格时，考生应持本人身份证、学历证原件和复印件及网上报名下载的《国际货运代理从业人员资格考试报名表》，和交近期免冠同底版2寸（大1寸）彩色证件照3张（用于报名表、准考证主证和合格证书，考试不合格者照片不予退还）。并于报名点领取准考证主证。非补考考生，须同时报考双科。

（2）考生报考资格被确认时，交纳考务费，每科100元，两科共200元。因故未参加考试或考试不合格者所交费用不予退还。

3. 在指定时间考生登录货代考试中心网站自行下载打印准考证副证。考生考试时须带准考证主证、副证、身份证三证参加考试。

第三节　办理国际货运代理企业变更、终止手续

一、办理国际货运代理企业设立、变更与终止手续

国际货运代理企业是直接受进出口货物收、发货人的委托，以委托人的名义或者以自己的名义，为委托人办理国际货物运输及相关业务并收取服务报酬的法人企业。

国际货运代理企业必须依法取得中华人民共和国企业法人资格，其名称、标识应当符合国家有关法律、法规和规章，与业务性质、范围相符合，并能体现行业特点。其中，名称中应当含有"货运代理"、"运输服务"、"集运"或"物流"等相关字样。

我国国际货运代理企业的组织形式仍然限于有限责任公司或股份有限公司。

总公司	分公司（非法人）不承担责任
母公司	子公司（法人）独立承担责任

我国中外合作国际货运代理企业很少，尚无外商独资国际货运代理企业。

（一）设立国际货运代理企业的条件

至少要有5名从事国际货运代理业务3年以上的业务人员。

国际货运代理企业的注册资本最低限额应当符合下列要求：

(1) 经营海上国际货物运输代理业务的，注册资本最低限额为500万元人民币。

(2) 经营航空国际货物运输代理业务的，注册资本最低限额为300万元人民币。

(3) 经营陆路国际货物运输代理业务或者国际快递业务的，注册资本最低限额为200万元人民币。

经营前两项以上业务的，注册资本最低限额为其中最高一项的限额。

国际货运代理企业每申请设立一个从事过货物运输代理业务的分支机构，应当相应增加注册资本50万元人民币。

（二）设立国际货运代理企业应当提交的文件

申请人应当向拟设立国际货运代理企业所在地的省、自治区、直辖市、经济特区、计划单列市的商务部提出申请，并提交规定的文件。

国际货物运输代理企业成立并经营国际货运代理业务1年以后，在形成一定经营规模的条件下，可以申请设立子公司或分支机构。

（三）外商投资国际货运代理企业

指境外的投资者以中外合资、中外合作及外商独资形式设立的接受进出口货物收、发货人的委托，以委托人的名义或者以自己的名义，为委托人办理国际货物运输及相关业务并收取服务报酬的外商投资企业。

（四）设立外商投资国际货运代理企业的条件

(1) 中外合营者在申请之日前3年内没有违反行业规定，注册资本最低限额为100万美元。

(2) 在2005年12月11日以前将允许设立外商独资国际货运代理企业。

(3) 外商投资国际货运代理企业的经营期限一般不得超过20年。

(4) 外商投资国际货运代理企业内设立一个从事国际货运代理业务的分公司，应增加注册资本12万美元。

(5) 清算组在清理公司财产、编制资产负债表和财产清单后，应当指定清算方案，并报股东会或者有关主管机关确认。

（五）公司财产清偿公司债务顺序

(1) 支付清算费用；

(2) 职工工资和劳动保险费用；

(3) 缴纳所欠税款；

(4) 清偿公司债务。

公司财产按上述规定清偿后的剩余财产,有限责任公司按照股东的出资比例分配,股份有限公司按照股东持有的股份比例分配。

(六) 货代相关

国际货运代理企业应当在每年3月底以前向其所在地省、自治区、直辖市、经济特区、计划单列市的商务部(国务院各部门直属国际货运代理企业向中国国际货运代理协会)报送年审登记表、验资报告(含资产负债表和损益表)、营业执照影印件,申请办理年审手续。

国际货运代理企业批准证书的有效期为3年,应当在批准证书有效期届满的30天前向商务部申请换领批准证书。

不予换发批准证书:私自进行股权转让,擅自改变企业名称、营业场所、注册资本等主要事项,不按有关规定办理报备手续的。

逾期没有申请换领批准证书的国际货运代理企业,将丧失继续从事国际货运代理业务的资格。

二、海运业务的许可登记程序

经营国际海上运输业务及海运辅助业务(含国际船舶运输与班轮运输、无船承运、国际船舶代理、国际船舶管理等业务)的许可、登记。

(一) 行政许可的内容

(1) 经营国际船舶运输业务许可;
(2) 经营国际班轮运输业务登记;
(3) 经营无船承运业务登记;
(4) 经营国际船舶代理业务登记;
(5) 经营国际船舶管理业务登记。

(二) 行政许可的依据

(1)《中华人民共和国国际海运条例》(国务院令第335号)第六条规定:经营国际船舶运输业务应当向国务院交通主管部门提出申请;

(2)《中华人民共和国国际海运条例》(国务院令第335号)第十六条规定:国际船舶运输经营者经营进出中国港口的国际班轮运输业务,应当依照本条例的规定取得国际班轮运输经营资格。未取得国际班轮运输经营资格的,不得从事国际班轮运输经营活动,不得对外公布班期、接受定舱;以共同派船、舱位互换、联合经营等方式经营国际班轮运输的,适用本条第一款的规定;

(3)《中华人民共和国国际海运条例》(国务院令第335号)第七条规定:经营无船承运业务,应当向国务院交通主管部门办理提单登记;

(4)《中华人民共和国国际海运条例》(国务院令第335号)第十条规定:经营国际船舶代理业务,应当向国务院交通主管部门提出申请;

(5)《中华人民共和国国际海运条例》(国务院令第335号)第十二条规定:经营国际船舶管理业务,应当向拟经营业务所在地的省、自治区、直辖市人民政府交通主管部门提出申请。

（三）行政许可的实施权限

（1）经营国际船舶运输业务、经营无船承运业务、经营国际船舶代理业务、经营国际班轮运输业务，由国务院交通主管部门审批；

（2）经营国际船舶管理业务由省、自治区、直辖市人民政府交通主管部门审批。

（四）行政许可的条件

经营国际船舶运输业务，应当具备下列条件：

（1）有与经营国际海上运输业务相适应的船舶，其中必须有中国籍船舶；

（2）投入运营的船舶符合国家规定的海上交通安全技术标准；

（3）有提单、客票或者多式联运单证；

（4）有具备国务院交通主管部门规定的从业资格的高级业务管理人员。

经营国际班轮运输业务登记，应当具备下列条件：

（1）有《国际船舶运输经营许可证》（如申请人为中国的国际船舶运输经营者）；

（2）有与经营国际班轮运输相适应的船舶；

（3）有明确的航线、班期及沿途停泊港口的计划安排。

在中国境内经营无船承运业务，应当具备下列条件：

（1）在中国境内企业法人或境外企业；

（2）交纳保证金80万元人民币；每设立一个分支机构，增加保证金20万元人民币，保证金应当向中国境内的银行开立专门账户交存。

经营国际船舶代理业务，应当具备下列条件：

（1）高级业务管理人员中至少2人具有3年以上从事国际海上运输经营活动的经历；

（2）有固定的营业场所和必要的营业设施。

经营国际船舶管理业务，应当具备下列条件：

（1）高级业务管理人员中至少2人具有3年以上从事国际海上运输经营活动的经历；

（2）有与所管理船舶种类和航区相适应的船长、轮机长适任证书的人员；

（3）有与国际船舶管理业务相适应的设备、设施。

行政许可的数量：

根据国际海运市场竞争状况和国家关于国际海上运输业发展政策，经营国际船舶运输业务许可可能有适当的数量限制，其余无数量限制。

三、申请人需要提交的全部材料目录

（一）经营国际船舶运输业务，需要提交下列材料：

（1）可行性分析报告、投资协议；

（2）申请人的企业商业登记文件（拟设立企业的，主要投资人的商业登记文件或者身份证明）；

（3）船舶所有权证书、国籍证书和法定检验证书的副本或者复印件；

（4）提单、客票或者多式联运单证样本；

（5）符合交通部规定的高级业务管理人员的从业资格证明。

（二）经营国际班轮运输业务，需要提交下列材料：

（1）国际船舶运输经营者的名称、注册地、营业执照副本、主要出资人；

（2）经营者的主要管理人员的姓名及其身份证明；
（3）运营船舶资料；
（4）拟开航的航线、班期及沿途停泊港口；
（5）运价本；
（6）提单、客票或者多式联运单证。

（三）申请办理无船承运业务经营者提单登记的，需要提交下列材料：
（1）可行性分析报告；
（2）企业商业登记文件；
（3）提单格式样本；
（4）保证金已交存的银行凭证复印件。

（四）经营国际船舶代理业务，需要提交下列材料：
（1）可行性分析报告、投资协议；
（2）申请人的商业登记文件（拟设立企业的，主要投资人的商业登记文件或者身份证明）；
（3）固定营业场所的证明文件；
（4）行政许可条件中所规定的高级业务管理人员的从业资历证明文件；
（5）关于同港口和海关等口岸部门进行电子数据交换的协议。不具备电子数据交换条件的，应当提供有关港口或者海关的相应证明文件。

（五）经营国际船舶管理业务或者在中国境内设立企业经营国际船舶管理业务，需要提交下列材料：
（1）可行性分析报告、投资协议；
（2）申请人的商业登记文件（拟设立企业的，主要投资人的商业登记文件或者身份证明）；
（3）固定营业场所的证明文件；
（4）行政许可条件中所规定的高级业务管理人员的从业资历证明文件；
（5）行政许可条件中所规定的人员的船长、轮机长适任证书复印件。

四、申请及审批

（一）申请书受理期限

申请书受理期限为无期限限制。

（二）申请书递交方式

申请书递交方式为办公现场递交或信函方式递交。

（三）行政许可的程序

共同程序：
（1）申请书形式审查及形式审查结果告知；
（2）对申请材料的实质性内容进行审查；
（3）行政许可审查决定及审查结果告知；
（4）准予行政许可的决定在政府网站公示并颁发经营许可证件或登记证书；决定不予

行政许可的,书面通知申请人并说明理由。

非共同程序:

省、自治区、直辖市交通主管部门受理、审核经营国际船舶运输业务许可、经营无船承运业务登记、经营国际船舶代理业务登记的申请,并在规定的时间内将有关材料及审核意见报送交通部。

(四)行政许可申请审批时限

审核机关审核时限:10个工作日。

许可机关审批时限:

(1)经营国际船舶运输业务许可的审批时限:30个工作日;

(2)经营国际班轮运输业务登记的审批时限:30个工作日;

(3)经营无船承运业务登记的审批时限:15个工作日;

(4)经营国际船舶代理业务登记的审批时限:15个工作日;

(5)经营国际船舶管理业务登记的审批时限:15个工作日。

(五)行政许可的收费依据及标准

行政许可项目不收费。

(六)申请人及公众对审批结果的意见反映方式

信函、电子邮件、电话、其他。

(七)行政许可的监督部门及投诉渠道

审批机关及其上级机关的监察机构与法制机构。

实训操作

国际货运的公司筹备、工商注册,申报国际货运代理业务许可是成立公司的前提,需要谨慎细致,每个环节都必须准备完整的证明材料到有关部门去办理。李林和他的团队需要分工协作共同完成,因此制订一份工作计划书就显得尤为重要了。

公司筹备工作任务书应涵盖的内容如下:

(1)国际货运代理公司注册申报审批流程;

(2)各申报环节所需证明材料;

(3)申报审批环节所需要时间及注意事项。

第二篇
国际货运代理业务操作

任务四　国际海上运输

导入案例

货运代理公司刚刚成立,第一笔生意就上门了。

北京某机械配件生产厂家向德国、美国、南非、日本、澳大利亚等五个国家制造公司出口机械零部件,均以CIF签订了出口合同。CIF是由卖方负责安排运输,适用于内河航运和海运。

首次合作涉及出口5个国家的海运代理业务,虽然李林过去在外资公司工作时海运业务处理得最多,操作方法已经驾轻就熟,但作为自己公司的第一单业务他也不能轻视。采用什么样的水路运输方式?具体运输的时间?是否分批装运和转船?这些问题都需要尽快确定,以便于出口商进一步与进口商协商确定合同的运输条款。而作为货运代理公司也要根据货物要求进一步联系船运公司安排租船订舱。

任务要求

制订海运代理工作方案

任务流程

1. 选择运输方式
2. 确定运输路线,选择船运公司
3. 计算运费
4. 签订货运代理协议
5. 准备和填制出口货运单据
6. 交接货物及单据
7. 费用结算

知识要点

1. 国际货物运输方式
2. 确定装运条件
3. 明确运输单据
4. 核算运输费用

技能要求

1. 能够根据具体产品及业务要求,选择适当的运输方式
2. 能够制定合理的运输路线,选择最佳的货运公司
3. 能够掌握填制运输单据的方法
4. 能够准确地计算出运输环节的各种费用

第一节　海运代理基本流程

一、海运进口代理基本流程

（一）备单

（1）收货人向货代提供进口全套单据,货代查清在承运此批次货物船公司换取的提货单(小提单),此步骤可由船运公司代操作。

（2）进口单据包括:带背书的正本提单或电放副本、装箱单、发票、合同（一般贸易）。

（3）货代提前联系场站并确认好提箱费、掏箱费、装车费、回空费。

（二）换单

1. 货代在指定船代或船公司确认该船到港时间、地点,如需转船,必须确认二程船名。
2. 凭带背书的正本提单(如果电报放货,可带电报放货的传真件与保函)去船公司或船代换取提货单(小提单)。

注:"背书正本提单"两种形式:

（1）提单上收货人栏显示"订舱人",则由发货人背书；

（2）提单上收货人栏显示真正的收货人,则需收货人背书。

（三）报检

检验检疫局根据"商品编码"中的监管条件,确认此票货是否要做商检。

（四）报关（清关）

1. 外贸公司负责清关
2. 报关资料包括:带背书正本提单或电放副本、装箱单、发票、合同、小提单
3. 海关:

（1）通关时间:一个工作日以内

（2）特殊货物:二到三个工作日

（3）查验:①技术查验:依据单据以及具体货物决定是否查验;②随机查验:海关放行科放行后,电脑自行抽查。

（五）办理货物交接单

（1）货代凭带背书的正本提单(电放放货的传真件和保函)去船公司或船代的箱管部办理货物交接单。

（2）货物交接单:它是集装箱进出港区、场站时,回箱人、运箱人与箱管人或其代理之间交换集装箱及其他机械设备的凭证,并有管箱人发放集装箱凭证的功能。它分进场和出场两种,交换手续均在码头堆场大门口办理。

注：拼箱货（CFS条款交货），凭船代业务部进口科的通知单到箱管部交纳进口单证费，然后可凭"小提单"和分单到码头直接提取货物，无须办理设备交接单。

（六）提箱

（1）货代凭小提单和拖车公司的"提箱申请书"到箱管部办理进口集装箱超期使用费、卸箱费、进口单证费等费用的押款手续。

（2）若押款人不是提单上所注明的收货人，押款人必须出具同意为收货人押款并支付相应费用的保证函（保函）。

（3）押款完毕经船代箱管部授权后到进口放箱岗办理提箱手续，领取集装箱设备交接单，并核对其内容是否正确。

（4）收货人拆空进口货物后，将空箱返回指定的回箱地点。

（5）空箱返回指定堆场后，收货人要及时凭押款凭证，到箱管部办理集装箱费用的结算手续。

（七）提货

（1）货代或收货人凭小提单，联系拖车去船代指定的码头、场站提取货物。

（2）押款人到箱管部办理集装箱押款结算手续。

注：拼箱货需要到船公司或船代理签取散货分提单（分单），提货时用小提单和分单到码头提取货物。

（八）费用及其他

代理费用针对不同的情况，按照商议的价格计算。

海关、商检工作时间：9:00—11:30 13:30—17:30；

报关行工作时间：8:30—12:00 13:00—18:00；

节假日休息。

进口一定要查验货物，正常情况下进口可在码头免费存放七天。

二、海运出口代理基本流程

海运出口运输工作，在以CIF或CFR条件成交，由卖方安排运输时，其工作程序如下：

（一）审核信用证中的装运条款

为使出运工作顺利进行，在收到信用证后，必须审核证中有关的装运条款，如装运期、结汇期、装运港、目的港，是否能转运或分批装运以及是否指定船公司、船名、船籍和船级等，有的来证要求提供各种证明，如航线证明书、船籍证等，对这些条款和规定，应根据我国政策、国际惯例的要求是否合理或是否能办到等来考虑是否接受或是否提出修改意见。

（二）备货报验

就是根据出口成交合同及信用证中有关货物的品种、规格、数量、包装等的规定，按时、按质、按量地准备好应交的出口货物，并做好申请报验和领证工作。冷藏货要做好降温工作，以保证装船时符合规定温度要求。

在我国，凡列入商检机构规定的"种类表"中的商品以及根据信用证、贸易合同规定由商检机构出具证书的商品，均需在出口报关前，填写"出口检验申请书"申请商检。有的出口商品需鉴定重量,有的需进行动植物检疫或卫生、安全检验的,都要事先办妥,取得合格的检验证书。做好出运前的准备工作,如货证都已齐全,即可办理托运工作。

(三) 托运订舱

编制出口托运单,即可向货运代理办理委托订舱手续。货运代理根据货主的具体要求按航线分类整理后,及时向船公司或其代理订舱。货主也可直接向船公司或其代理订舱。当船公司或其代理签出装货单,定舱工作即告完成,就意味着托运人和承运人之间的运输合同已经缔结。

(四) 保险

货物订妥舱位后,属卖方保险的,即可办理货物运输险的投保手续。保险金额通常是以发票的CIF价加成投保(加成数根据买卖双方约定,如未约定,则一般加10%投保)。

(五) 货物集中港区

当船舶到港装货计划确定后,按照港区进货通知并在规定的期限内,由托运人办妥集运手续,将出口货物及时运至港区集中,等待装船,做到批次清、件数清、标志清。要特别注意与港区、船公司以及有关的运输公司或铁路等单位保持密切联系,按时完成进货,防止因工作脱节而影响装船进度。

(六) 报关工作

货物集中港区后,把编制好的出口货物报关单连同装货单、发票、装箱单、商检证、外销合同、外汇核销单等有关单证向海关申报出口,经海关关员查验合格放行后方可装船。

(七) 装船工作

在装船前,理货员代表船方,收集经海关放行货物的装货单和收货单,经过整理后,按照积载图和舱单,分批接货装船。装船过程中,托运人委托的货运代理应有人在现场监装,随时掌握装船进度并处理临时发生的问题。装货完毕,理货组长要与船方大副共同签署收货单,交与托运人。理货员如发现某批有缺陷或包装不良,即在收货单上批注,并由大副签署,以确定船货双方的责任。但作为托运人,应尽量争取不在收货单上批注以取得清洁提单。

(八) 装船完毕

托运人除向收货人发出装船通知外,即可凭收货单向船公司或其代理换取已装船提单,这时运输工作即告一段落。

(九) 制单结汇

将合同或信用证规定的结汇单证备齐后,在合同或信用证规定的议付有效期限内,向银行交单,办理结汇手续。

第二节 选择船舶、货物、航线、港口、船公司

一、船舶

(一) 船舶的含义及构造

船舶指航行或停泊于水域的作业工具,按不同的使用要求而具有不同的技术性能、装备

和结构。内部主要包括容纳空间、支撑结构和排水结构,具有利用外在或自带能源的推进系统。外型一般是利于克服流体阻力的流线性包络,材料随着科技进步不断更新,早期为木、竹、麻等自然材料,近代多是钢材以及铝、玻璃纤维、亚克力和各种复合材料。集装箱船的载货能力最强,其主要结构如图4-1所示。

船舶是由许多部分构成的,按各部分的作用和用途,可综合归纳为船体、船舶动力装置、船舶舾装等三大部分。

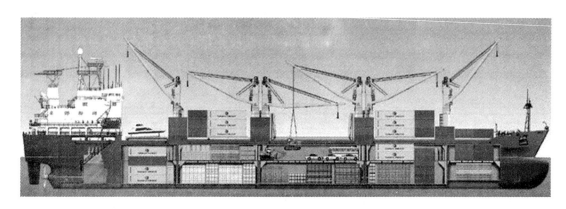

图4-1 集装箱船机构图

(二)船舶的种类及特点

船舶分类方法很多,可按用途、航行状态、船体数目、推进动力、推进器等分类。用于货物运输的船舶种类主要包括：客货船、普通货船、集装箱船、滚装船、载驳货船、散货船等。根据运输货物类型的不同又分为：干货船、液货船、冷藏船、集装箱船、滚装船、载驳船、驳船。

1. 干货船

干货船以运载干燥货物为主,也可装运桶装液货的货船。包括杂货船、散货船、多用途船三大类。

杂货船是以运载成包、成捆、成桶等件杂货为主,也可装运某些散装货的干货船。散货船是专运散装货的干货船,如运输谷物、矿砂、煤炭等大宗散货等。多用途船是可运载集装箱、木材、矿砂、谷物或其他杂货等各种货物的干货船。

2. 液货船

液货船用于运载散装液态货物的货船的统称。可运输石油、水、植物油、酒、氨水以及其他化学液体和液化气体。主要包括原油船、成品油船、液体化学品船、液化石油气船、液化天然气船等。所装货物有的易燃、易爆,有的在船舶破损后对环境污染大,有的化学品毒性极强。因此,对于此类船舶首先考虑的是运输的安全可靠性。根据易燃程度将液体货物分为三级,其中一级易燃液体货物的蒸气闪点在28℃以下;二级易燃液体货物的蒸气闪点为28℃～60℃;三级可燃液体货物蒸气闪点为60℃以上。根据所运输液体货物的易燃程度不同,以及液体货物的毒性和对环境的威胁,各国航运界制定有相应的公约和规范,并据此对船舶进行不同的结构设计。

3. 冷藏船

冷藏船以运送保鲜蔬菜和易腐货物的货船。它大多以定期班轮方式营运,航速可达每小时20~22公里。为防止运输货物被压坏,常常设置多层甲板,且具有良好的阻热和保湿功能。依冷藏形式的不同,冷藏船又分为冷藏舱船和冷藏集装箱船。前者的货舱做成冷藏舱,舱壁有良好的隔热功能,货物以托盘或篓筐形式置于舱内。后者的货物装于集装箱中,集装箱有两种,一种为内藏式冷藏箱,自带冷冻机;另一种为离合式冷藏箱,不带冷冻机,通过船上冷冻机将低温冷空气注入集装箱内。

4. 集装箱船

集装箱船是为提高运输效率发展起来的一种专门运输集装箱的货船。船型削瘦,单层连续甲板,尾机型,功率大,航速快,稳性要求高;货舱开口大(可占船宽的70%~80%),尺寸规格化,平均吨位大。

5. 滚装船

滚装船是一种运载装货车辆或以滚动方式在水平方向装卸的货船。它一改传统的垂直装卸工艺为水平装卸工艺,通过"滚上"或"滚下"来提升装卸速度,降低船舶在港停留时间。其主要结构特点是型深较高,上甲板纵通全船,平整,无脊弧和梁拱,无货舱口,内设多层甲板及甲板间坡道或升降装置,外设装卸跳板。上层建筑和机舱设在船尾,烟囱设在两舷。主甲板以下为双层壳体,对稳性、抗沉性、消防通风、耐波性和操纵性也给予专门考虑。在我国沿海的岛屿、陆岛之间及长江两岸,滚装船使用较普遍,但多为汽车渡船兼顾旅客运输。

6. 载驳船

载驳船俗称子母船,是一种专运货驳的船。其驳船收放方式分为吊运和浮移两种。它具有船舶停港时间短,装卸速度快且不受港口水深限制和码头拥挤影响,有利于江海联运等优点。但是,这些优点要在货源组织、运输计划、驳船集散、子母船配套及空驳回收诸方面进行严密的组织管理才能显示出来,否则将会有停航之虑。

7. 驳船

驳船是本身无动力或只设简单的推进装置,依靠拖船或推船带动或由载驳船运输的平底船。

(三) 船籍及船旗

船旗国又称船舶登记国。国际航行船舶,应向本国或他国政府登记取得国籍并在船尾旗杆上悬挂该登记国的国旗。船舶在登记国政府登记后,应遵守登记国政府的法令和条例,并受登记国的保护。国际航行船舶除了在本国登记,还可根据政治、军事和经济上的需要,选择在他国登记。

依据有关国际公约和各国法律规定,对船舶所有人、经营人、船名、船舶技术性能数据等内容进行登记。登记机关的所在地称为船舶登记港,船舶登记港即为船籍港。

(四) 船级(Classification of Vessel)

船级是指船舶的技术级别,是由验船师或船级社经检验后根据船舶的用途、技术状况和航行区域等授予。船舶入级后,可凭此向保险公司办理各种性质的船舶保险。船舶入级的情况是保险公司考虑承保和确定保险费率的必要条件。

船级证书(Certificate of Classification)是船舶检验机构根据一定标准划分的等级规定,结合船舶的结构和技术状况确定船舶的船级所签发的一种证书。它是船舶技术和性能状况的标志,也是表示船舶是否具有适航性的重要条件。船级在我国由交通部船舶检验局根据船舶入级规范进行监造检验确定,国外一般由公认的船级社承办。如英国劳氏船级社、美国航运局、法国船级社、日本海事协会等。船级证书有效期一般为四年,期满后,须重新予以鉴定,换取新的船级证书。

中国船级社(CCS)是在中国注册从事船舶检验业务的专业机构,是国际船级社协会(IACS)的正式会员之一。经申请,船舶的船体与设备、船舶推进机械和辅助机械、船舶轮机和电气设备,凡符合CCS《钢质海船入级规范》或等效要求者,CCS将授予相应的船级,并载入CCS船舶录。已在CCS入级的船舶,如能遵循CCS保持船级的各种检验并仍符合入级要求者,将继续保持其相应的船级。若船体船级证书和轮机船级证书之一失效,则另一证书同时失效。

(五) 船舶的主要文件

证明船舶国籍、所有权、技术状况、航行性能及船舶营运必备条件的各种文件的总称。根据国际公约和各国法规的规定,船舶通常应具备的证书包括:

(1) 船舶国籍证书;

(2) 船舶检验证书或适航证书;

(3) 船舶吨位证书;

(4) 船舶载重线证书;

(5) 货船设备安全证书和货船构造安全证书;

(6) 货船无线电报或电话证书;

(7) 客船安全证书;

(8) 船舶旅客定额证书;

(9) 船舶入级证书;

(10) 船舶起货机设备证书;

(11) 国际防止油污证书;

(12) 船舶航行安全证书等。

二、货物

(一) 货物的种类

根据货物的形态和包装,航海界将海上运输货物划分为液体货、干散货、件杂货三大类。

液体货物:石油、成品油、液化燃气、液态化学品、其他液体货物。

干散货:各种初级产品、原材料。通常根据运输批量的大小,干散货又分为大宗散货和小宗批量散货两类,大宗散货主要有:煤炭、金属矿石、粮食等;小宗批量散货包括:钢铁、木材、化肥、水泥等。

件杂货:主要包括机电设备、化工、轻工医药及其他工业制成品、农牧渔业产品等。这些货物一般以"件""箱""捆"等形式托运,包括包装货物(Packed Cargo)、裸装货物(Unpacked Cargo 或 Non-packed Cargo)和成组化货物。

(二) 货物的数量

1. 计算重量的方法

在国际贸易中,按重量计量的商品很多,根据一般商业习惯,通常计算重量方法有下列几种:

(1) 毛重(Gross Weight)

指商品本身的重量加皮重(Tare),也即商品连同包装的重量。有些单位价值不高的商品常常采用毛重计量,即以毛重作为计算价格和交付货物的计量基础。这种计重方法在国际贸易中被称为"以毛作净"(Gross for Net)。例如:鱼粉50公斤麻袋装"以毛作净"。

(2) 净重(Net Weight)

指商品本身的重量,即毛重扣除皮重(包装)的重量,国际货物买卖中,凡按重量计量的商品采用净重为准的计量方法最多。在国际贸易中去除皮重的方法有四种:

按实际皮重(Real Tare, or Actual Tare);

按平均皮重(Average Tare);

按习惯皮重(Customary Tare);

按约定皮重(Computed Tare)。

去除皮重的方法,依交易商品的特点,以及商业习惯的不同,由买卖双方事先商定在买卖合同中做出具体规定。

$$毛重 = 净重 + 包装重量$$

(3) 公量(Conditioned Weight)

公量指用科学方法抽去商品中的水分,再加上标准含水量所得的重量。适用于价值较高而水分含量不稳定的商品。如棉花、羊毛、生丝等有比较强的吸湿性,所含的水分受客观环境的影响较大,其重量也就很不稳定。为了准确计算这类商品的重量,国际上通常采用按公量计算,其计算方法是以商品的干净重(即烘去商品水分后的重量)加上国际公定回潮率与干净重的乘积所得出的重量,即为公量。

其计算公式有下列两种:

$$公量 = 商品净重 \times (1 + 公定回潮率)$$

$$公量 = 商品实际重量 \times [(1 + 公定回潮率)/(1 + 实际回潮率)]$$

(4) 理论重量(Theoretical Weight)

从商品的规格中推算出的重量。

件重量乘以件数得出总重量,只要用于某些有固定和统一规格的货物,其形状规则,密度均匀,每一件的重量大致相同,如钢板、马口铁等。

钢材的销售都是以重量来计算,而在交易前供货商需根据客户需求报出理论重量,以便客户根据单价核实成本。

(5) 法定重量(Legal Weight)

指商品加上直接接触商品的包装物料,如销售包装等的重量;而除去这部分重量所表示出来的纯商品的重量,则称为实物净重。按照一些国家海关法的规定,在征收从量税时,商品的重量是以法定重量计算的。

法定重量＝实物净重＋内包装的重量

2. 合同中的数量条款

（1）"约"量

采用信用证付款时,按照《跟单信用证统一惯例》的解释,凡"约"或"大约"或类似意义的词语用于信用证金额或信用证所列的数量或单价时,应理解为允许数量有不超过10％的增减幅度。

（2）溢短装条款（More or Less Clause）

溢短装条款的主要内容有：溢短装的百分比,溢短装的选择权,溢短装部分的作价。

在以信用证支付方式成交时,按《跟单信用证统一惯例》的规定："对于合同未规定数量机动幅度的散装货,除非信用证规定所列的货物数量不得增减外,在所支款项不超过信用证金额的条件下,货物数量允许有5％的增减幅度,但是当信用证规定数量以包装单位或个数计数时,此增减幅度不适用。"

案例

我某出口公司与匈牙利商人订立了一份出口水果合同,支付方式为货到验收后付款。但货到经买方验收后发现水果总重量缺少10％,而且每个水果的重量也低于合同规定,匈方商人既拒绝付款,也拒绝提货。后来水果全部腐烂,匈方海关向中方收取仓储费和处理水果费用5万美元。我出口公司陷于被动。

要点分析

首先应查明短重是属于正常途耗还是我方违约没有交足合同规定数量,如属我方违约,则应分清是属于根本性违约还是非根本性违约。如不属根本性违约,匈方无权退货和拒付货款,只能要求减价或赔偿损失；如属根本性违约,匈方可退货,但应妥善保管货物,对鲜活商品可代为转售,尽量减轻损失。

《联合国国际货物销售合同公约》(以下简称《公约》)第86条第一款明确规定："如果买方已收到货物,但打算行使合同或本公约任何权利,把货物退回,他必须按情况采取合理措施,以保全货物,他有权保有这些货物,直至卖方把他所付的合理费用偿还给他为止。"而匈方未尽到妥善保管和减轻损失的义务,须对此承担责任。因此,我公司可与匈牙利商人就商品的损失及支出的费用进行交涉,尽可能挽回损失。

（三）货物的包装

商品的包装（Packing of Goods）,是指为了有效保护商品品质的完好和数量的完整,采用一定的方法将商品置于合适容器中的一种措施。商品包装包括运输包装和销售包装。这里具体介绍运输包装。

1. 运输包装的种类

按包装方式,可分为单件运输包装和集合运输包装。在国际贸易中,常见的集合运输包装有集装包、集装袋、托盘和集装箱。

按包装形式不同,可分为箱袋、桶和捆不同形状的包装。

按包装材料不同,可分为纸制包装,金属包装,木制包装,塑料包装,麻制品包,竹、柳、草制品包装,玻璃制品包装和陶瓷包装等。

按包装程度不同,可分为全部包装和局部包装。

2. 包装标志

(1) 运输标志(Mark),又称"唛头"

唛头是为了便于识别货物,防止错发货,通常由型号、图形或收货单位简称、目的港、件数或批号等组成。通常是由一个简单的几何图形和一些字母、数字及简单的文字组成,其作用在于使货物在装卸、运输、保管过程中容易被有关人员识别,以防错发错运。

唛头主要包含内容:

① 收货人代号;

② 目的港(地)名称;

③ 参考号(信用证号、合同号);

④ 件数、批号。

此外,有的运输标志还包括原产地、合同号、许可证号和体积与重量等内容。运输标志的内容繁简不一,由买卖双方根据商品特点和具体要求商定。

鉴于运输标志的内容差异较大,有的过于繁杂,不适应货运量增加、运输方式变革和电子计算机在运输与单据流转方面应用的需要,因此,联合国欧洲经济委员会简化国际贸易程序工作组,在国际标准化组织和国际货物装卸协调协会的支持下,制定了一项运输标志向各国推荐使用。该标准化运输标志包括:

① 收货人或买方名称的英文缩写字母或简称;

② 参考号,如运单号、订单号或发票号;

③ 目的地名称;

④ 货物件数。

至于根据某种需要而须在运输包装上刷写的其他内容,如许可证号等,则不作为运输标志必要的组成部分。

例如: RCSO ——收货人代号

S/C 2005 ——参考号

PARIS ——目的地(港)

NO.1—25 ——件数代号

(2) 指示性标志(Indicative Mark)

指示性标志是根据商品的特性提出应注意的事项,在商品的外包装上用醒目的图形或文字表示的标志。如在易碎商品的外包装上标以"小心轻放",在受潮后易变质的商品外包装上标以"防止受潮",并配以图形指示,故指示性标志又称为安全标志或注意标志。为了统一各国运输包装指示标志的图形与文字,一些国际组织,如国际标准化组织、国际航空运输协会分别制定了包装储运指示性标志,并建议各会员国予以采纳,如图 4-2 所示。

图 4-2 运输指示性标志

(3) 警告性标志(Warning Mark)

警告性标志又称危险品标志,以图形及文字表达。用以说明商品系易爆、有毒、易燃、腐蚀性或放射性等危险性货物。对危险性货物的包装储运,各国政府制订有专门的法规,应严格遵照执行。被警示的货物一般包括:爆炸品、有毒品、放射物品等,如图 4-3 所示。

图 4-3 警告性标志

三、航线

航线是海上或者空中交通工具在两个地点之间移动的固定移动路线。其中船只的路线被称水上航线,水上运输被称为航运。空中交通工具的移动路线被称为飞行航线。航线的使用包括运输、观光和科学考察,其中以运输为主。在经过第三国领空或者海域的时候,运输工具刻意偏离航线的移动是不被允许的。航线的形成往往是因为两地之间的贸易所促成的。大航海时代就是因为欧洲人试图寻找通过大西洋到亚洲的贸易航线所造成的。

（一）航运航线分类

1. 按船舶营运方式分

定期航线，是指使用固定的船舶，按固定的船期和港口航行，并以相对固定的运价经营客货运输业务的航线。定期航线又称班轮航线，主要装运杂货物。

不定期航线，是临时根据货运的需要而选择的航线。船舶、船期、挂靠港口均不固定，是以经营大宗、低价货物运输业务为主的航线。

2. 按航程的远近分

远洋航线(Ocean-going Shipping Line)指航程距离较远，船舶航行跨越大洋的运输航线，如远东至欧洲和美洲的航线。我国习惯上以亚丁港为界，把去往亚丁港以西，包括红海两岸和欧洲以及南北美洲广大地区的航线划为远洋航线。

近洋航线(Near-sea Shipping Line)，指本国各港口至邻近国家港口间的海上运输航线的统称。我国习惯上把航线在亚丁港以东地区的亚洲和大洋洲的航线称为近洋航线。

沿海航线(Coastal Shipping Line)，指本国沿海各港之间的海上运输航线，如上海/广州，青岛/大连等。

3. 按航行的范围分

大西洋航线，太平洋航线，印度洋航线，环球航线。

（二）国际货运主要远洋航线

1. 北大西洋航线

西欧（鹿特丹、汉堡、伦敦、哥本哈根、圣彼得堡；北欧的斯德哥尔摩、奥斯陆等）——北大西洋——北美洲东岸（纽约、魁北克等）、南岸（新奥尔良港，途经佛罗里达海峡）。

2. 亚欧航线（苏伊士运河航线）

东亚（横滨、上海、中国香港等港口，途经中国台湾、巴士海峡等）、东南亚（新加坡、马尼拉等）——马六甲海峡——印度洋（南亚科伦坡、孟买、加尔各答、卡拉奇等）——曼德海峡（亚丁）——红海——苏伊士运河（亚历山大）——地中海（突尼斯、热那亚）——直布罗陀海峡——英吉利（多佛尔）海峡——西欧各国。

3. 好望角航线

西亚（阿巴丹等，途经霍尔木兹海峡）、东亚、东南亚、南亚——印度洋——东非（达累斯萨拉姆）——莫桑比克海峡——好望角（开普敦）——大西洋——西非（达喀尔）——西欧，载重量在25万吨以上的巨轮无法通过苏伊士运河，需绕过非洲南端的好望角。

4. 北太平洋航线

亚洲东部、东南部——太平洋——北美西海岸（旧金山、洛杉矶、温哥华、西雅图等）是亚洲同北美洲各国间的国际贸易航线，随着东亚经济的发展，这条航线上的贸易量不断增加。

5. 巴拿马运河航线

北美洲东海岸——巴拿马运河（巴拿马城）——北美洲西海岸各港口，是沟通大西洋和太平洋的捷径，对美国东西海岸的联络具有重要意义。

6. 南太平洋航线

亚太地区国家（悉尼、惠灵顿）——太平洋（火奴鲁鲁）——南美洲西海岸（利马、瓦尔帕莱索等）往来的通道。

(三)中国海运主要航线

1. 远洋航线

(1) 中国至红海航线。

主要停靠港口有亚丁、吉达、亚喀巴、苏丹等。

(2) 中国至东非航线。

主要停靠港口有摩加迪沙、蒙巴萨、达累斯萨拉姆、马普托、路易港等。

(3) 中国至西非航线。

主要停靠港口有罗安达、马塔迪、黑角、杜阿拉、拉各斯、科纳克里、达喀尔、达尔贝达等。

(4) 中国至地中海航线。

主要停靠地中海南北两岸的各港口有敖萨、康斯坦萨、瓦尔纳、伊斯坦布尔、里耶卡、威尼斯、热那亚、马赛、巴塞罗那、巴伦西亚、亚历山大、的黎波里、班加西、突尼斯、阿尔及尔等。

(5) 中国至西欧航线。

主要停靠港口有里斯本、勒阿弗尔、敦刻尔克、伦敦、利物浦、鹿特丹、阿姆斯特丹、安特卫普、不来梅、汉堡等。

(6) 中国至北欧航线。

主要停靠港口有哥本哈根、奥斯陆、斯德哥尔摩、哥德堡、赫尔辛基、圣彼得堡、里加、塔林、格但斯克等。

(7) 中国至南、北美西海岸航线。

横跨太平洋至美国、加拿大、墨西哥、秘鲁、智利等国西岸各港口航线,主要停靠港口有温哥华、西雅图、旧金山、洛杉矶、马萨特兰、卡亚俄、瓦尔帕来索等。

(8) 中国至加勒比、北美东岸航线。

横跨太平洋,经巴拿马运河,尤卡坦海峡或向风海峡、莫纳海峡至中美洲各国、西印度群岛、墨西哥、美国和加拿大东岸各港,主要有科隆、坦皮科、韦腊克鲁斯、休斯敦、新奥尔良、纽约、巴尔的摩、哈利法克斯、魁北克、蒙特利尔、多伦多等。

(9) 中国至南美东海岸航线。

该航线一般经马六甲海峡,印度洋,绕过好望角,进入大西洋至南美东岸,主要港口有圣多斯、里约热内卢、蒙德维的亚、布宜诺斯艾利斯等。

2. 近洋航线

(1) 中国至朝鲜、韩国航线。这条航线主要停靠港口有清津、仁川和釜山。

(2) 中国至日本航线。该航线主要停靠港口有神户、大阪、东京、横滨、千叶、四日、门司等。

(3) 中国至俄罗斯远东地区航线。主要停靠港口有纳霍德卡、东方港、海参崴、苏维埃港等。

(4) 中国至越南航线。主要停靠港口有胡志明市、海防等。

(5) 中国至香港地区航线。

(6) 中国至菲律宾航线。主要停靠港口有马尼拉、宿务等。

(7) 中国至新加坡、马来西亚航线。主要停靠港口有新加坡、巴生港、槟城、马六甲等。

(8) 中国至泰国、柬埔寨航线。主要停靠港口有曼谷、宋卡各磅逊等。

(9) 中国至印度尼西亚航线。主要停靠港口有雅加达、苏腊巴亚(泗水)、三宝垄等。

(10) 中国至北加里曼丹航线。主要停靠港口有文莱、米里、古晋等港口。

(11) 中国至孟加拉湾航线。主要停靠港口有仰光、吉大港、加尔各答、马德拉斯等。

(12) 中国至斯里兰卡航线。主要停靠港口有科伦坡等港口。

(13) 中国至阿拉伯海、波斯湾航线。主要港口有孟买、卡拉奇、阿巴斯、迪拜、哈尔克岛、科威特、多哈、巴士拉等。

(14) 中国至澳新航线。主要停靠港口有悉尼、墨尔本、阿得雷德、布里斯班、奥克兰、惠灵顿、苏瓦、韦里曼特尔等。

小贴士

世界主要大宗货物航线

世界主要大宗货物航线包括：石油、铁矿石、煤炭、谷物航线。

1. 石油海上运输线：

波斯湾——好望角——西欧——北美航线；

波斯湾——龙目海峡、望加锡海峡——日本航线；

波斯湾——苏伊士运河、地中海——西欧、北美航线；

墨西哥——日本北太平作航线。

2. 铁矿石海上运输线：

澳大利亚、巴西、印度——日本、中国；

南非、南美西海岸——日本；

委内瑞拉、巴西——美国东南岸；

加拿大——美国大湖区；

巴西、南非、西非、北欧——西欧。

3. 煤炭海上运输线：

北美——远东；

澳大利亚——日本；

北美——西欧；

南非——西欧；

澳大利亚——西欧。

4. 谷物海上运输线：

美国、加拿大——远东；

美国、加拿大——欧洲；

阿根廷——欧洲；

澳大利亚——远东等。

四、港口

港口是具有水陆联运设备和条件，供船舶安全进出和停泊的运输枢纽，是水陆交通的集结点和枢纽，工农业产品和外贸进出口物资的集散地，船舶停泊、装卸货物、上下旅客、补充给养的场所。由于港口是联系内陆腹地和海洋运输(国际航空运输)的一个天然界面，因此，人们也把港口作为国际物流的一个特殊结点。

(一) 港口的分类

1. 按用途分类

港口按用途分,有商港、军港、渔港、避风港等。

2. 按位置分类

按所处位置分,有河口港、海港和河港等。

(1) 河口港位于河流入海口或受潮汐影响的河口段内,可兼为海船和河船服务。一般有大城市作依托,水陆交通便利,内河水道往往深入内地广阔的经济腹地,承担大量的货流量,故世界上许多大港都建在河口附近,如鹿特丹港、伦敦港、纽约港、列宁格勒港、上海港等。河口港的特点是,码头设施沿河岸布置,离海不远而又不需建防波堤,如岸线长度不够,可增设挖入式港池。

(2) 海港位于海岸、海湾或泻湖内,也有离开海岸建在深水海面上的。位于开敞海面岸边或天然掩护不足的海湾内的港口,通常须修建相当规模的防波堤,如大连港、青岛港、连云港、基隆港、意大利的热那亚港等。供巨型油轮或矿石船靠泊的单点或多点系泊码头和岛式码头属于无掩护的外海海港,如利比亚的卜拉加港、黎巴嫩的西顿港等。泻湖被天然沙嘴完全或部分隔开,开挖运河或拓宽、浚深航道后,可在泻湖岸边建港,如广西北海港。也有完全靠天然掩护的大型海港,如东京港、香港港、澳大利亚的悉尼港等。

(3) 河港位于天然河流或人工运河上的港口,包括湖泊港和水库港。湖泊港和水库港水面宽阔,有时风浪较大,因此同海港有许多相似处,如往往需修建防波堤等。苏联古比雪夫、齐姆良斯克等大型水库上的港口和中国洪泽湖上的小型港口均属此类。

(二) 港口的作用

港口历来在一国的经济发展中扮演着重要的角色。运输将全世界连成一片,而港口是运输中的重要环节。世界上的发达国家一般都具有自己的海岸线和功能较为完善的港口。港口的功能可归纳为以下四个方面:

1. 物流服务功能

港口首先应该为船舶、汽车、火车、飞机、货物、集装箱提供中转、装卸和仓储等综合物流服务,尤其是提高多式联运和流通加工的物流服务。

2. 信息服务功能

现代港口不但应该为用户提供市场决策的信息及其咨询,而且还要建成电子数据交换(EDI)系统的增值服务网络,为客户提供订单管理、供应链控制等物流服务。

3. 商业功能

港口的存在既是商品交流和内外贸存在的前提,又促进了它们的发展。现代港口应该为用户提供方便的运输、商贸和金融服务,如代理、保险、融资、货代、船代、通关等。

4. 产业功能

建立现代物流需要具有整合生产力要素功能的平台,港口作为国内市场与国际市场的接轨点,已经实现从传统货流到人流、货流、商流、资金流、技术流、信息流的全面大流通,是货物、资金、技术、人才、信息的聚集点。

(三) 港口设备

陆上设备包括间歇作业的装卸机械设备(门座式、轮胎式、汽车式、桥式及集装箱起重机、卸车机等)、连续作业的装卸机械设备(带式输送机、斗式提升机、压缩空气和水力输送式装置及泵站等)、供电照明设备、通讯设备、给水排水设备、防火设备等。港内陆上运输机械设备包括火车、载重汽车、自行式搬运车及管道输送设备等。水上装卸运输机械设备包括起重船、拖轮、驳船及其他港口作业船、水下输送管道等。

(四) 国内外主要港口

1. 世界主要港口

(1) 北美洲地区

加拿大(Canada)：哈利法克斯(Halifax)、蒙特利尔(Montreal)、温哥华(Vancouver)；

墨西哥(Mexico)：维拉克鲁斯(Veracruz)、马萨特兰港(Port of Mazatlan)；

美国(United States)：休斯顿港(Autoridad Portuaria de Houston)、维特曼港(Port of Whitman)、洛杉矶港(Port of Los Angeles)、奥克兰港(Port of Oakland)、斯托克顿港(Port of Stockton)、圣路易斯港(St. Louis Port Authority)、波特兰港(Port of Portland)、西雅图港(Port of Seattle)、纽约—新泽西港(Port Authority of New York and New Jersey)。

(2) 南美洲地区

阿根廷(Argentina)：阿根廷港口(Port of Argentina)；

巴拿马(Panama)：巴拿马城(Panama City)；

巴西(Brazil)：维多利亚港(Port of Victoria)；

哥伦比亚(Columbia)：哥伦比亚港(Port of Columbia)；

萨尔瓦多(Salvador)：库图科港(Port of Cutuco)；

秘鲁(Peru)：卡亚俄(Callao)；

智利(Chile)：智利港口(Port of Chile)。

(3) 非洲地区

西非：安哥拉(Angola)、罗安达港(Port of Luanda)；

南非(South Africa)：德班港(Port of Durban)、开普敦港(Port of Capetown)。

(4) 欧洲地区

比利时(Belgium)：安特卫普港(Port of Antwerp)；

克罗地亚(Croatia)：克罗地亚港口(Ports of Croatia)；

丹麦(Denmark)：奥本罗港(Port of Aabenraa)；

芬兰(Finland)：芬兰港口(Finnish Ports)；

法国(France)：波尔多港(Port of Bordeaux)；

德国(Germany)：汉堡港(Port of Hamburg)；

希腊(Greece)：比雷埃夫斯(Piraeus)、库塔拉(Koutala)、卡瓦拉(Kavalla)；

冰岛(Iceland)：阿克雷里(Akureyri)；

意大利(Italy)：热那亚港(Port of Geneva)；

拉脱维亚(Latvia)：拉脱维亚港口(Ports of Latvia)；

荷兰(Netherlands)：特丹港(Port of Rotterdam)；

挪威(Norway)：奥勒松(Alesund)；

波兰(Poland)：格但斯克港(Port of Gdansk)；

葡萄牙(Portugal)：锡尼什港(Port of Sines)；

罗马尼亚(Romania)：康斯坦萨港(Port of Constantza)；

俄罗斯(Russia)：圣彼得堡港(Saint Petersburg Port Authority)；

西班牙(Spain)：巴塞罗那港(Port of Barcelona)；

瑞典(Sweden)：瑞典港口(Swedish Ports)；

英国(United Kingdom)：英吉利港口(Associated British Ports)。

(5) 亚洲地区

韩国(Republic of Korea)：釜山港(Port of Busan)、仁川港(Port of Inchon)、木蒲港(Port of Mokpo)；

日本(Japan)：神户港(Port of Kobe)、名古屋港(Port of Nagoya)、横滨港(The Port of Yokohama)、川崎港(Port of Kawasaki)、梗津港(Port of Kisarazu)、北九州港(Port of Kita-kyushu)、酒田港(Port of Sakata)、千叶港(Port of Chiba)、大阪(Osaka)广岛(Hiroshima)、长崎(Nagasaki)；

科威特(Kuwait)：科威特港(Kuwait Ports Public Authority)；

马来西亚(Malaysia)：马六甲港(Malacca Port Authority)；

阿联酋(United Arab Emirates)：迪拜港(Port of Dubai)；

菲律宾(Philippines)：马尼拉港(Manila)；

印度(India)：孟买港(Port of Mumbai)；

印度尼西亚(Indonesia)：安汶(Kota Ambon)；

以色列(Israel)：以色列港(Israel Ports and Railways Authority)；

新加坡(Singapore)：新加坡港(Port of Singapore Authority)。

2. 中国主要港口

上海港(Port of Shanghai)、连云港(Port of Lianyungang)、宁波港(Port of Ningbo)、大连港(Port of Dalian)、青岛港(Port of Qingdao)、香港港(Port of HongKong)、高雄港(Port of Kaohsiung)、花莲港(Port of Hualien)、基隆港(Port of Keelung)、台中港(Port of Taichung)、天津港(Port of Tianjin)、广州港(Port of Guangzhou)、深圳港(Port of Shenzhen)。

五、船公司

《国际集装箱化》杂志在这份最新的调查报告中表示，根据国际物流研究机构统计分析显示，截至 2011 年 9 月底，全球 20 强船公司的运力合计达到了 1 170 万 TEU，占全球集装箱船船队规模的 72.7%。全球十大货集装箱船公司运能占全球总运能比例高达六成，马士基航运(MAERSK)、地中海航运(MSC)与达飞(CMA-CGM)前三大航商则占三成以上比重。在 2006 年，全球十大集装箱船公司的市场比率已占全球货集装箱船队的 60% 之多，而十大船公司的总运能亦由 254 万 TEU 上升到 628 万 TEU。马士基、地中海航运与达飞等前三大总运能占整体市场的 33.1%，见表 4-1。

表 4-1　2011 年世界船公司排名

	COMPANY	TOTAL FLEET Tue SHIPS	中文译名
1	Maersk Line	1 753 146.454	马士基(丹麦)
2	MSC	1 266 198.384	地中海船运(日内瓦)
3	CMA CGM	736 305.246	法国达飞轮船(法国)
4	Evergreen	627 564.180	长荣(中国台湾)

续表

	COMPANY	TOTAL FLEET Tue SHIPS	中文译名
5	Hapag-Lloyd	503 321.138	赫伯罗特（德国）
6	COSCON	461 573.149	中远集运（中国）
7	APL	416 372.120	美国总统油轮（美国）
8	CSCL	404 728.118	中海集装箱运输有限公司（中国）
9	MOL	361 813.113	商船三井（日本）
10	OOCL	352 297.870	东方海外国际（中国香港）

世界主要船公司及标志如图 4-4 所示。

图 4-4 世界主要船公司及标志

其他主要船公司及标志见附录 2。

第三节 根据商品选择海上运输方式

一、班轮运输(Liner Service)

班轮运输是海洋运输的一种方式，是指在固定的航线上，以既定的港口顺序，按照事先公布的船期表航行的水上运输方式。班轮运输适合于货流稳定、货种多、批量小的杂货运输。旅客运输一般采用班轮运输。

班轮运输最早出现于 19 世纪初，美国首先采用。1818 年美国黑球轮船公司开辟了纽约—利物浦的定期航线，用帆船进行运输，用以运送海外移民、邮件和货物。1924 年，英国跟随美国之后，开辟了伦敦、汉堡、鹿特丹之间以蒸汽机船经营的班轮航线，19 世纪 40 年代又扩展到中东、远东和澳大利亚。此后，日本、德国、法国等轮船公司均经营班轮运输，设有横渡大西洋、太平洋的环球运输航线。中国于 19 世纪 70 年代开始沿海和长江的班轮运输。20 世纪初，在长江和其他内河开展班轮运输。中华人民共和国建立后，开辟了大连—上海定期定港班轮货运航线。1961年中国远洋运输总公司成立,开始建立中国远洋运输船队和国际班轮航线。

(一) 班轮运输的特点

"四定一负责"。航线、停靠港口、船期、运费率固定,承运人负责装和卸。

(1) "四固定"的特点,即是固定航线、固定港口、固定船期和相对固定的费率。这是班轮运输的最基本特征。

(2) 班轮运价内包括装卸费用,即货物由承运人负责配载装卸,承托双方不计滞期费和速遣费。

(3) 承运人对货物负责的时段是从货物装上船起,到货物卸下船止,即"船舷至船舷"(Rail to Rail)或"钩至钩"(Tackle to Tackle)。

(4) 承运双方的权利义务和责任豁免以签发的提单为依据,并受国际公约的制约。

(二) 班轮运输的作用

(1) 有利于一般杂货和不足整船的小额贸易货物的运输。

班轮只要有舱位,不论数量大小、挂港多少、直运或转运都可接受承运。

(2) 由于"四固定"的特点,时间有保证,运价固定,为贸易双方洽谈价格和装运条件提供了方便,有利于开展国际贸易。

(3) 班轮运输长期在固定航线上航行,有固定设备和人员,能够提供专门的、优质的服务。

(4) 由于事先公布船期、运价费率,有利于贸易双方达成交易,减少磋商内容。

(5) 手续简单,货主方便。由于承运人负责装卸和理舱,托运人只要把货物交给承运人即可,省心省力。

(三) 班轮运输代理的注意事项

(1) 班轮代理机构在取得正本提单的前提下,才可以放货于收货人。

(2) 在放货时,货主所出具的海运提单应为清洁的、不存在任何问题的正本海运提单。

(3) 如果货主所出具的提单不具备上述要求,需责令提货人提供违约补偿担保书。

(4) 班轮代理机构在放货时,还需征得班轮公司对上述违约补偿担保书的认可。

(5) 如果提货人出具不完善的海运提单,班轮代理机构还应取得发货人的书面委托书,以便安全地将货物交付给发货人书面所指定的收货人。

(6) 班轮代理机构还应该核查海运提单是否完善,看它是否具备世界一流银行签发的连署文件。

(7) 班轮代理机构应当查明海运提单上所注明的班轮代理机构及班轮公司是否自身相符。

(8) 在随附海运提单的文件中,搞清该批货物的货款结算期限。

(9) 海运提单上所标明的货物类别是否同实际交付的货物相符。

(10) 班轮代理机构在目的港放货时,提货单据应当是原始的海运提单正本,而不是副本传真件或影印件。

二、租船运输

租船运输,又称租船,是海洋运输的一种方式,是指租船人向船东租赁船舶用于货物运输的一种方式。租船运输适用于大宗货物运输,有关航线和港口、运输货物的种类以及航行的时间等,都按照承租人的要求,由船舶所有人确认。租船人与出租人之间的权利义务以双方签订的租船合同确定。

（一）租船运输的分类

租船指包租整船。租船费用较班轮低廉,且可选择直达航线,故大宗货物一般采用租船运输。租船方式主要有定程租船和定期租船两种。

定程租船,又称程租船,是以航程为基础的租船方式。船方必须按租船合同规定的航程完成货物运输任务,并负责船舶的运营管理及其在航行中的各项费用开支。程租船的运费一般按货物装运数量计算,也有按航次包租金额计算。

定期租船,又称期租船,是按一定时间租用船舶进行运输的方式。船方应在合同规定的租赁期内提供适航的船舶,并负担为保持适航的有关费用。租船人在此期尚可在规定航区内自租船。

（二）租船运输的特点

（1）租船运输是根据租船合同组织运输的,租船合同条款由船东和租方双方共同商定。

（2）一般由船东与租方通过各自或共同的租船经纪人洽谈成交租船业务。

（3）不定航线,不定船期。船东对于船舶的航线、航行时间和货载种类等按照租船人的要求来确定,提供相应的船舶,经租船人同意进行调度安排。

（4）租金率或运费率是根据租船市场行情来决定。

（5）船舶营运中有关费用的支出,取决于不同的租船方式由船东和租方分担,并在合同条款中订明。例如,装卸费用条款FIO表示租船人负责装卸费,若写明Liner Term,则表示船东负责装卸费。

（6）租船运输适宜大宗货物运输。

（7）各种租船合同均有相应的标准合同格式。

（三）租船订舱的简单程序

（1）进出口公司委托外运公司办理托运手续,填写托运单(Booking Note),亦称"订舱委托书"递送外运公司作为订舱依据。

（2）外运公司收到托运单后,审核托运单,确定装运船舶后,将托运单的配舱回单退回,并将全套装货单(Shipping Order)交给进出口公司填写,然后由外运公司代表进出口公司作为托运人向外轮代理公司办同物托运手续。

（3）货物经海关查验放行后,即由船长或大副签收"收货单"（又称大副收据,Mate receipt）。收货单的船公司签发给托运人的表明货物已装妥的临时收据,托运人凭收货单向外轮代理公司交付运费并换取正式提单。

（四）租船运输的报关

报关是指进出口货物装船出运前,向海关申报的手续。按照我国海关法规定：凡是进出国境的货物,必须经由设有海关的港口、车站、国际航空站出,并由货物所有人向海关申报,经过海关放行后,货物才可提取或者装船出口。

当前,我国的进出口公司在办理报关时,必须填写出口货物报关单,必要时还需提供出口合同副本、发票、装箱单或重量单,商品检验证书及其他有关证件,向海关申报出口。

三、集装箱运输（Container Transport）

集装箱运输，是指以集装箱这种大型容器为载体，将货物集合组装成集装单元，以便在现代流通领域内运用大型装卸机械和大型载运车辆进行装卸、搬运作业和完成运输任务，从而更好地实现货物"门到门"运输的一种新型、高效率和高效益的运输方式。

集装箱运输起源于英国。早在1801年，英国的詹姆斯·安德森博士已提出将货物装入集装箱进行运输的构想。1845年英国铁路曾使用载货车厢互相交换的方式，视车厢为集装箱，使集装箱运输的构想得到初步应用。19世纪中叶，在英国的兰开夏已出现运输棉纱、棉布的一种带活动框架的载货工具，这是集装箱的雏形。正式使用集装箱来运输货物是在20世纪初期。1900年，在英国铁路上首次试行了集装箱运输，后来相继传到美国（1917年）、德国（1920年）、法国（1928年）及其他欧美国家。

从1966年至1983年，集装箱运输的优越性越来越被人们承认，以海上运输为主导的国际集装箱运输发展迅速，是世界交通运输进入集装箱化时代的关键时期。1984年以后，世界航运市场摆脱了石油危机所带来的影响，开始走出低谷，集装箱运输又重新走上稳定发展的道路。有资料显示，发达国家件杂货运输的集装箱化程度已超过80%。据统计，到1998年世界上约有各类集装箱船舶6 800多艘，总载箱量达579万TEU。集装箱运输已遍及世界上所有的海运国家，随着集装箱运输进入成熟阶段，世界海运货物的集装箱化已成为不可阻挡的发展趋势。

（一）运输优势及特点

目前我国的集装箱运输主要包括从世界各主要港口海运到中国港口（天津、上海、大连、广东、青岛等）的进口货物，经中国港口到世界各地港口出口的货物。

1. 集装箱运输的优势

集装箱运输主要是班轮运输，因此其同时具备班轮运输的优势：

具有固定航线、船期、港口、费率；运费内包括装卸费用，货物由承运人负责配载装卸；承运人和托运人不计算滞期和速遣。

同时，利用集装箱可以从一种运输工具直接方便地换装到另一种运输工具，无须接触或移动箱内所装货物。货物从内陆收货人的工厂或仓库装箱后，经由海陆空不同运输方式，可以一直运至收货人的工厂或仓库，达到"门到门"运输，中途不用换装，也不用拆箱。

因此，集装箱运输在货运质量上更有保证，并且一般由一个承运人负责全程运输，在人力上也得到了节约。

2. 集装箱运输的特点

具体分析集装箱运输的特点，有以下几个方面：

（1）高效益

简化包装，大量节约包装费用。为避免货物在运输途中受到损坏，必须有坚固的包装，而集装箱具有坚固、密封的特点，其本身就是一种极好的包装。使用集装箱可以简化包装，有的甚至无须包装，实现件杂货无包装运输，可大大节约包装费用。

减少货损货差，提高货运质量。由于集装箱是一个坚固密封的箱体，集装箱本身就是一个坚固的包装。货物装箱并铅封后，途中无须拆箱倒载，一票到底，即使经过长途运输或多次换装，不易损坏箱内货物。集装箱运输可减少被盗、潮湿、污损等引起的货损和货差，深受货主和船公司的欢迎，并且由于货损货差率的降低，减少了社会财富的浪费，也具有很大的社会效益。

减少营运费用,降低运输成本,由于集装箱的装卸基本上不受恶劣气候的影响,船舶非生产性停泊时间缩短,又由于装卸效率高,装卸时间缩短,对船公司而言,可提高航行率,降低船舶运输成本,对港口而言,可以提高泊位通过能力,从而提高吞吐量,增加收入。

(2) 高效率

传统的运输方式具有装卸环节多、劳动强度大、装卸效率低、船舶周转慢等缺点。而集装箱运输完全改变了这种状况。

普通货船装卸,一般每小时为35吨左右,而集装箱装卸,每小时可达400吨左右,装卸效率大幅度提高。同时,由于集装箱装卸机械化程度很高,因而每班组所需装卸工人数很少,平均每个工人的劳动生产率大大提高。

由于集装箱装卸效率很高,受气候影响小,船舶在港停留时间大大缩短,因而船舶航次时间缩短,船舶周转加快,航行率大大提高,船舶生产效率随之提高,从而,提高了船舶运输能力,在不增加船舶艘数的情况下,可完成更多的运量,增加船公司收入,这样高效率导致高效益。

(3) 高投资

集装箱运输虽然是一种高效率的运输方式,但是它同时又是一种资本高度密集的行业。

船公司必须对船舶和集装箱进行巨额投资。根据有关资料表明,集装箱船每立方英尺的造价约为普通货船的3.7~4倍。集装箱的投资相当大,开展集装箱运输所需的高额投资,使得船公司的总成本中固定成本占有相当大的比例,高达2/3以上。

集装箱运输中港口的投资也相当大。专用集装箱泊位的码头设施包括码头岸线和前沿、货场、货运站、维修车间、控制塔、门房,以及集装箱装卸机械等,耗资巨大。

为开展集装箱多式联运,还需有相应的内际设施及内陆货运站等,为了配套建设,这就需要兴建、扩建、改造、更新现有的公路、铁路、桥梁、涵洞等,这方面的投资更是惊人。可见,没有足够的资金开展集装箱运输,实现集装箱化是困难的,必须根据国力量力而行,最后实现集装箱化。

(4) 高协作

集装箱运输涉及面广、环节多、影响大,是一个复杂的运输系统工程。集装箱运输系统包括海运、陆运、空运、港口、货运站以及与集装箱运输有关的海关、商检、船舶代理公司、货运代理公司等单位和部门。如果互相配合不当,就会影响整个运输系统功能的发挥,如果某一环节失误,必将影响全局,甚至导致运输生产停顿和中断。因此,要求搞好整个运输系统各环节、各部门之间的高度协作。

(5) 多式联运

由于集装箱运输在不同运输方式之间换装时,勿需搬运箱内货物而只需换装集装箱,这就提高了换装作业效率,适于不同运输方式之间的联合运输。在换装转运时,海关及有关监管单位只需加封或验封转关放行,从而提高了运输效率。

此外,由于国际集装箱运输与多式联运是一个资金密集、技术密集及管理要求很高的行业,是一个复杂的运输系统工程,这就要求管理人员、技术人员、业务人员等具有较高的素质,才能胜任工作,才能充分发挥国际集装箱运输的优越性。

(二) 集装箱的规格

集装箱,在香港及台湾一般称为货柜,是一种按规格标准化的钢制箱子,是具有一定强度、刚度和规格,专供周转使用的大型装货容器。

集装箱的特色,在于其格式划一,并可以层层重叠,所以可以大量放置于特别设计的远洋轮船,为世界各地的生产商提供比空运更廉价的大量运输服务。一般的集装箱大船可以装5 000到8 000箱。集装箱在上船以前,一般由大卡车拉或者用火车从其他地方运往集装箱码头;与此同时,当货物到岸后,亦再经由这些交通工具把货物从集装箱码头运往目的地。货物集装之后,在水陆空转运的过程中就不需要再卸下装上,所以可以节省货主和船东的经费。

集装箱船的大小一般以能装载多少个20英尺标准箱(TEU,Twenty-feet Equivalent Units)计算,例如一个40英尺标准箱就是2TEU。例如能装载5 000个标准箱的船,便称为拥有5 000TEU的运载力。目前世界上最大的集装箱船是"艾玛·马士基号"(Emma Mærsk),箱量为11 000标准箱。

集装箱的分类多种多样,按所装货物种类分,有杂货集装箱、散货集装箱、液体货集装箱、冷藏集装箱等;按制造材料分,有木集装箱、钢集装箱、铝合金集装箱、玻璃钢集装箱、不锈钢集装箱等;按结构分,有折叠式集装箱、固定式集装箱等,在固定式集装箱中还可分密闭集装箱、开顶集装箱、板架集装箱等;按总重分,有30吨集装箱、20吨集装箱、10吨集装箱、5吨集装箱、2.5吨集装箱等。

40×8×8英尺6英寸,简称40尺货柜;以及近年较多使用的40×8×9英尺6英寸,简称40尺高柜。

20尺柜:内容积为5.69×2.13×2.18米,配货毛重一般为17.5吨,体积为24~26立方米。

40尺柜:内容积为11.8×2.13×2.18米,配货毛重一般为22吨,体积为54立方米。

40尺高柜:内容积为11.8×2.13×2.72米,配货毛重一般为22吨,体积为68立方米。

45尺高柜:内容积为13.58×2.34×2.71米,配货毛重一般为29吨,体积为86立方米。

20尺开顶柜:内容积为5.89×2.32×2.31米,配货毛重20吨,体积为31.5立方米。

40尺开顶柜:内容积为12.01×2.33×2.15米,配货毛重30.4吨,体积为65立方米。

20尺平底货柜:内容积为5.85×2.23×2.15米,配货毛重23吨,体积为28立方米。

40尺平底货柜:内容积为12.05×2.12×1.96米,配货毛重为36吨,体积为50立方米。

客户在使用时,应该根据自己的需要,选择适合的集装箱进行货物的运转,以减少物流成本。

(三) 运输的方式

集装箱货物的装箱方式:目前国际上对集装箱运输尚没有一个行之有效并为普遍接受的统一做法。但在处理集装箱具体业务中,各国大体上做法近似,现根据当前国际上对集装箱业务的通常做法,简介如下:

(1) 根据货物数量分为:整箱FCL(Full Container Load)和拼箱LCL(Less Container Load),拼箱货按每立方装箱计费。

(2) 集装箱货交物接方式分为:

① 整箱交、整箱接(FCL/FCL);

② 拼箱交、拆箱接（LCL/LCL）；
③ 整箱交、拆箱接（FCL/LCL）；
④ 拼箱交、整箱接（LCL/FCL）。

(3) 集装箱货物交货地点分为：

① 门到门（Door to Door）：由托运人负责装载的集装箱，在其货仓或工厂仓库交承运人验收后，由承运人负责全程运输，直到收货人的货仓或工厂仓库交箱为止。这种全程连线运输，称为"门到门"运输。

② 门到场（Door to CY）：由发货人货仓或工厂仓库至目的地或卸箱港的集装箱装卸区堆场。

③ 门到站（Door to CFS）：由发货人货仓或工厂仓库至目的地或卸箱港的集装箱货运站。

④ 场到门（CY to Door）：由起运地或装箱港的集装箱装卸区堆场至收货人的货仓或工厂仓库。

⑤ 场到场（CY to CY）：由起运地或装箱港的集装箱装卸区堆场至目的地或卸箱港的集装箱装卸区堆场。

⑥ 场到站（CY to CFS）：由起运地或装箱港的集装箱装卸区堆场至目的地或卸箱港的集装箱货运站。

⑦ 站到门（CFS to Door）：由起运地或装箱港的集装箱货运站至收货人的货仓或工厂仓库。

⑧ 站到场（CFS to CY）：由起运地或装箱港的集装箱货运站至目的地或卸箱港的集装箱装卸区堆场。

⑨ 站到站（CFS to CFS）：由起运地或装箱港的集装箱货运站至目的地或卸箱港的集装箱货运站。

集装箱出口货运特有的单证是设备交接单。

(四) 运费支付

根据贸易条款，运费的支付可分为预付和到付。

预付运费：在签发提单前即须支付运费。其贸易条款为 CIF 和 CNF（由出口方订舱）。

到付运费：货物到达目的港交付货物前付清运费。

海运的运费全部以美元计算。收取的人民币运费在交给船公司时换算成美元。

船公司的集装箱到港后，有 7～10 天的免费期，超过 10 天，20 英尺集装箱每天 USD5，40 英尺集装箱每天 USD10，以后每 10 天翻一倍。

(五) 集装箱运输业务中各物流部门所从事的具体业务

(1) 船公司在进口业务中的业务：

做好卸船准备工作，制作并寄送有关单证，卸船与交货，提货单的签发。

(2) 集装箱码头堆场在进口货运中的工作：

集装箱的卸船准备工作，卸船与堆放，交付，有关费用收取，制作交货报告和未交货报告。

(3) 集装箱货运站在进口业务中的业务：

做好交货准备，发出交货通知，从码头堆场领取载货的集装箱，拆箱交货，有关费用收取,制作交货报告和未交货报告。

(4) 收货人在进口业务中的业务:

订立贸易合同,租船订舱,申请开信用证,投保,取得有关装船单据,获取提货单,提取货物,索赔。

第四节 查询并计算相关费用,制作报价表

一、运费计算

班轮运费是班轮公司为运输货物而向货主收取的费用。班轮运费包括散货运输和集装箱运输。

(一) 散货运输运费的计算

散货运输的班轮运费包括货物从装运港至目的港的海上运费以及货物的装卸费,其中班轮运费是按照班轮运价表(Liner's Freight Tariff)的规定计算的。

1. 班轮费率表

不同的班轮公司或班轮公会有不同的班轮运价表,班轮运价表的结构一般包括:说明及有关规定、货物分级表、航线费率表、附加费率表、冷藏货及活牲畜费率表等。对于基本费率的规定,有的运价表是按每项货物列出其基本费率,这种运价表称为"单项费率运价表";有的是将承运的货物分为若干等级(一般分为 20 个等级),每一个等级的货物有一个基本费率,称为"等级费率表"。属于第一级的商品运费率最低,第二十级的商品,运费率最高。在实际业务中,大都采用等级费率表,见表 4-2。

表 4-2 班轮运输部分货物等级费率表

计费类别	货物名称	费率(元)	计费单位
1	危险货物,冷冻、冷藏货物,有色金属	2.85	W/M
2	每 1 重吨不足 2 立方米的列名外件货	2.30	W
3	橡胶、电解铜	2.00	W/M
4	金属制材、原木、纯碱、水泥、鱼粉	1.40	W/M
5	每 1 重吨满 2 立方米、不足 4 立方米的列名外件货	1.10	M
6	盐,化肥,糖,粮,枣	1.00	W/M
7	棉花,麻,烤烟	0.70	W/M
8	每 1 重吨满 4 立方米的各类货物	0.55	M

2. 班轮运费的计算标准

(1) 按货物毛重计收,称为重量吨,表内列明"W",以每公吨或每长吨为计算单位。

(2) 按货物体积计收,称为尺码吨,表内列明"M",一般按 1 立方米或 40 立方英尺为 1 尺码吨作为计算单位。

(3) 按体积或重量,由船方选择而计算,表内列为"W/M"。

(4) 按商品的 FOB 价(启运港船上交货价,只计成本,不包括运费和保险费)的一定百分比计收,称为从价运(Ad Valorem),表内列明为 Ad Val 或 AV。

(5) 按混合标准计收,如 W/M plus AV 等。

此外,还有一些商品是按件或头计收(前者如车辆等,后者如活牲畜等)。对于大宗商品(如粮食,矿石,煤炭等),因运量较大、货价较低、容易装卸等原因,船公司为了争取货源,可以与货主另行商定运价。

3. 班轮运费计算公式

$$班轮运费 = 基本运费 + 附加费$$
$$基本运费 = 基本费率 \times 运费吨$$
$$附加费 = 基本运费 \times 附加费率$$
$$班轮运费 = 基本运费 + 附加费$$
$$= 基本费率 \times 运费吨 + 基本运费 \times 附加费率$$
$$= 基本费率 \times 运费吨 \times (1 + 附加费率)$$

4. 班轮运费计算步骤

(1) 选择相关的运价本;

(2) 根据货物名称,在货物分级表中查到运费计算标准(Basis)和等级(Class);

(3) 在等级费率表的基本费率部分,找到相应的航线、启运港、目的港,按等级查到基本运价;

(4) 再从附加费部分查出所有应收(付)的附加费项目和数额(或百分比)及货币种类;

(5) 根据基本运价和附加费算出实际运价。

(二) 国际集装箱海运运费的计算

国际集装箱海运运费的计算办法与普通班轮运费的计算办法一样,也是根据费率本规定的费率和计费办法计算运费,同样也有基本运费和附加费之分。不过,由于集装箱货物既可以交集装箱货运站(CFS)装箱,也可以由货主自行装箱整箱托运,因而在运费计算方式上也有所不同。主要表现在当集装箱货物是整箱托运,并且使用的是承运人的集装箱时,集装箱海运运费计收有"最低计费吨"和"最高计费吨"的规定,此外,对于特种货物运费的计算以及附加费的计算也有其规定。

1. 拼箱货海运运费的计算

目前,各船公司对集装箱运输的拼箱货运费的计算,基本上是依据件杂货运费的计算标准,按所托运货物的实际运费吨计费,即尺码大的按尺码吨计费,重量大的按重量吨计费;另外,在拼箱货海运运费中还要加与集装箱有关的费用,如拼箱服务费等。由于拼箱货涉及不同的收货人,因而拼箱货不能接受货主提出的有关选港或变更目的港的要求,所以,在拼箱货海运运费中没有选港附加费和变更目的港附加费。

2. 整箱货海运运费的计算

对于整箱托运的集装箱货物运费的计收:一种方法是同拼箱货一样,按实际运费吨计费。另一种方法,也是目前采用较为普遍的方法是,根据集装箱的类型按箱计收运费。

在整箱托运集装箱货物且所使用的集装箱为船公司所有的情况下,承运人则有按"集装箱最低利用率"(Container Minimum Utilization)和"集装箱最高利用率"(Container Maximum Utilization)支付海运运费的规定。

(1) 按集装箱最低利用率计费

一般说来,班轮公会在收取集装箱海运运费时通常只计算箱内所装货物的吨数,而不对集装箱自身的重量或体积进行收费,但是对集装箱的装载利用率有一个最低要求,即"最低利用率"。不过,对有些承运人或班轮公会来说,只是当采用专用集装箱船来运输集装箱时,才不收取集装箱自身的运费,当采用常规船运输集装箱时则按集装箱的总重(含箱内货物重量)或总体积收取海运运费。

规定集装箱最低利用率的主要目的是,如果所装货物的吨数(重量或体积)没有达到规定的要求,则仍按该最低利用率时相应的计费吨计算运费,以确保承运人的利益。在确定集装箱的最低利用率时,通常要包括货板的重量或体积。最低利用率的大小主要取决于集装箱的类型、尺寸和集装箱班轮公司所遵循的经营策略。当然,在有些班轮公会的费率表中,集装箱的最低利用率通常仅与箱子的尺寸有关,而不考虑集装箱的类型。目前,按集装箱最低利用率计收运费的形式主要有三种:最低装载吨、最低运费额以及上述两种形式的混合形式。

最低装载吨可以是重量吨或体积吨,也可以是占集装箱装载能力(载重或容积)的一个百分比。以重量吨或体积吨表示的最低装载吨数通常是依集装箱的类型和尺寸的不同而不同,但在有些情况下也可以是相同的。而当以集装箱装载能力的一定比例确定最低装载吨时,该比例对于集装箱的载重能力和容积能力通常都是一样的,当然也有不一样的。

最低运费额则是按每吨或每个集装箱规定一个最低运费数额,其中后者又被称为"最低包箱运费"。

至于上述两种形式的混合形式则是根据下列方法确定集装箱最低利用率:

① 集装箱载重能力或容积能力的一定百分比加上按集装箱单位容积或每集装箱规定的最低运费额;

② 最低重量吨或体积吨加上集装箱容积能力的一定百分比。

(2) 亏箱运费(Short Fall Freight)的计算

当集装箱内所装载的货物总重或体积没能达到规定的最低重量吨或体积吨,而导致集装箱装载能力未被充分利用时,货主将支付亏箱运费。亏箱运费实际上就是对不足计费吨所计收的运费,即是所规定的最低计费吨与实际装载货物数量之间的差额。在计算亏箱运费时,通常是以箱内所载货物中费率最高者为计算标准。此外,当集装箱最低利用率是以"最低包箱运费"形式表示时,如果根据箱内所载货物吨数与基本费率相乘所得运费数额,再加上有关附加费之后仍低于最低包箱运费,则按后者计收运费。

(3) 按集装箱最高利用率计收运费

集装箱最高利用率的含义是,当集装箱内所载货物的体积吨超过集装箱规定的容积装载能力(集装箱内容积)时,运费按规定的集装箱内容积计收,也就是说超出部分免收运费。至于计收的费率标准,如果箱内货物的费率等级只有一种,则按该费率计收;如果箱内装有不同等级的货物,计收运费时通常采用下列两种做法:一种做法是箱内所有货物均按箱内最高费率等级货物所适用的费率计算运费;另一种做法是按费率高低,从高费率起向低费率计算,直至货物的总体积吨与规定的集装箱内容积相等为止。

需指出的是,如果货主没有按照承运人的要求,详细申报箱内所装货物的情况,运费则按集装箱内容积计收,而且,费率按箱内装货物所适用的最高费率计。如果箱内货物只有部分没有申报数量,那么,未申报部分运费按箱子内容积与已申报货物运费吨之差计收。

规定集装箱最高利用率的目的主要是鼓励货主使用集装箱装运货物,并能最大限度地利用集装箱的内容积。为此,在集装箱海运运费的计算中,船公司通常都为各种规格和类型的集装箱规定了一个按集装箱内容积折算的最高利用率,例如,20英尺集装箱的最高利用率为31立方米,而40英尺集装箱的最高利用率为67立方米。最高利用率之所以用体积吨而不用重量吨为计算单位,是因为每一集装箱都有其最大载重量,在运输中超重是不允许的。因此,在正常情况下,不应出现超重的集装箱,更谈不上鼓励超重的做法。

3. 特殊货物海运运费的计算

一些特殊货物如成组货物、家具、行李及服装等在使用集装箱进行装运时,在运费的计算上有一些特别的规定。

(1) 成组货物

班轮公司通常对符合运价本中有关规定与要求,并按拼箱货托运的成组货物,在运费上给予一定的优惠,在计算运费时,应扣除货板本身的重量或体积,但这种扣除不能超过成组货物(货物加货板)重量或体积的10%,超出部分仍按货板上货物所适用的费率计收运费。但是,对于整箱托运的成组货物,则不能享受优惠运价,并且,整箱货的货板在计算运费时一般不扣除其重量或体积。

(2) 家具和行李

对装载在集装箱内的家具或行李,除组装成箱子再装入集装箱外,应按集装箱内容积的100%计收运费及其他有关费用。该规定一般适用于搬家的物件。

(3) 服装

当服装以挂载方式装载在集装箱内进行运输时,承运人通常仅接受整箱货"堆场—堆场"(CY/CY)运输交接方式,并由货主提供必要的服装装箱物料如衣架等。运费按集装箱内容积的85%计算。如果箱内除挂载的服装外,还装有其他货物时,服装仍按箱容的85%计收运费,其他货物则按实际体积计收运费。但当两者的总计费体积超过箱容的100%时,其超出部分免收运费。在这种情况下,货主应提供经承运人同意的公证机构出具的货物计量证书。

(4) 回运货物

回运货物是指在卸货港或交货地卸货后的一定时间以后由原承运人运回原装货港或发货地的货物。对于这种回运货物,承运人一般给予一定的运费优惠,比如,当货物在卸货港或交货地卸货后六个月由原承运人运回原装货港或发货地,对整箱货(原箱)的回程运费按原运费的85%计收,拼箱货则按原运费的90%计收回程运费。但货物在卸货港或交货地滞留期间发生的一切费用均由申请方负担。

(5) 货物滞期费

在集装箱运输中,货物运抵目的地后,承运人通常给予箱内货物一定的免费堆存期(Free Time),但如果货主未在规定的免费期内前往承运人的堆场提取货箱,或去货运站提取货物,承运人则对超出的时间向货主收取滞期费(Demurrage)。货物的免费堆存期通常从货箱卸下船时起算,其中不包括星期六、星期天和节假日。但一旦进入滞期时间,便连续计算,即在滞期时间内若有星期六、星期天或节假日,该星期六、星期天及节假日也应计入滞期时间,免费堆存期的长短以及滞期费的计收标准与集装箱箱型、尺寸以及港口的条件等有关,同时也依班轮公司而异,有时对于同一港口,不同的船公司有不同的计算方法。

根据班轮公司的规定,在货物超过免费堆存期后,承运人有权将箱货另行处理。对于使用承运人的集装箱装运的货物,承运人有权将货物从箱内卸出,存放于仓储公司仓库,由此产生的转运费、仓储费以及搬运过程中造成的事故损失费与责任均由货主承担。

(6) 集装箱超期使用费

如货主所使用的集装箱和有关设备为承运人所有,而货主未能在免费使用期届满后将集装箱或有关设备归还给承运人,或送交承运人指定地点,承运人则按规定对超出时间向货主收取集装箱期使用费。

4. 附加费的计算

与普通班轮一样,国际集装箱海运运费除计收基本运费外,也要加收各种附加费。附加费的标准与项目,根据航线和货种的不同而有不同的规定。集装箱海运附加费通常包括以下几种形式:

(1) 货物附加费(Cargo Additional)

某些货物,如钢管之类的超长货物、超重货物、需洗舱(箱)的液体货等,由于它们的运输难度较大或运输费用增高,因而对此类货物要增收货物附加费。当然,对于集装箱运输来讲,计收对象、方法和标准有所不同。例如对超长、超重货物加收的超长、超重、超大件附加费(Heavy Lift and Over-length Additional)只对由集装箱货运站装箱的拼箱货收取,其费率标准与计收办法与普通班轮相同。如果采用 CFS/CY 条款,则对超长、超重、超大件附加费减半计收。

(2) 变更目的港附加费

变更目的港仅适用于整箱货,并按箱计收变更目的港附加费。提出变更目的港的全套正本提单持有人,必须在船舶抵达提单上所指定的卸货港 48 小时前以书面形式提出申请,经船方同意变更。如变更目的港的运费超出原目的港的运费时,申请人应补交运费差额,反之,承运人不予退还。由于变更目的港所引起的翻舱及其他费用也应由申请人负担。

(3) 选卸港附加费(Optional Additional)

选择卸货港或交货地点仅适用于整箱托运整箱交付的货物,而且一张提单的货物只能选定在一个交货地点交货,并按箱收取选卸港附加费。

选港货应在订舱时提出,经承运人同意后,托运人可指定承运人经营范围内直航的或经转运的三个交货地点内选择指走卸货港,其选卸范围必须按照船舶挂靠顺序排列。此外,提单持有人还必须在船舶抵达选卸范围内第一个卸货港 96 小时前向船舶代理人宣布交货地点,否则船长有权在第一个或任何一个选卸港将选卸货卸下,即应认为承运人已终止其责任。

(4) 服务附加费(Service Additional)

当承运人为货主提供了诸如货物仓储对已关或转船运输以及内陆运输等附加服务时,承运人将加收服务附加费。对于集装箱货物的转船运输,包括支线运输转干线运输,都应收取转船附加费(Transshipment Additional)。

除上述各项附加费外,其他有关的附加费计收规定与普通班轮运输的附加费计收规定相同。这些附加费包括:因港口情况复杂或出现特殊情况所产生的港口附加费(Port Additional);因国际市场上燃油价格上涨而增收燃油附加费(Bunker Adjustment Factor,BAF);为防止货币贬值造成运费收入上的损失而收取货币贬值附加费(Currency Adjustment Factor,CAF);因战争、运河关闭等原因迫使船舶绕道航行而增收绕航附加费(Deviation Surcharge);因港口拥挤致使船舶抵港后不能很快靠卸而需长时间待泊所增收的港口拥挤附加费(Port Congestion Surcharge)等。此外,对于贵重货物,如果托运人要求船方承担超过提单上规定的责任限额时,船方要增收超额责任附加费(Additional for Excess of Liability)。

需指出的是,随着世界集装箱船队运力供给大于运量需求的矛盾越来越突出,集装箱航运市场上削价竞争的趋势日益蔓延,因此,目前各船公司大多减少了附加费的增收种类,将许多附加费并入运价当中,给货主提供一个较低的包干运价。这一方面起到了吸引货源的目的,另一方面也简化了运费结算手续。

任务四　国际海上运输

各种运输附加费缩写：

(1) BAF 燃油附加费，大多数航线都有，但标准不一

(2) SPS 上海港口附加费（船挂上港九区、十区）

(3) FAF 燃油价调整附加费（日本航线专用）

(4) YAS 日元升值附加费（日本航线专用）

(5) GRI 综合费率上涨附加费，一般是南美航线、美国航线使用

(6) DDC、IAC 直航附加费，美加航线使用

(7) IFA 临时燃油附加费，某些航线临时使用

(8) PTF 巴拿马运河附加费，美国航线、中南美航线使用

(9) ORC 本地出口附加费，和 SPS 类似，一般在华南地区使用

(10) EBS、EBA 部分航线燃油附加费的表示方式，EBS 一般是澳洲航线使用，EBA 一般是非洲航线、中南美航线使用

(11) PCS 港口拥挤附加费，一般是以色列、印度某些港口及中南美航线使用

(12) PSS 旺季附加费，大多数航线在运输旺季时可能临时使用

（附录：《海运附加费对照表》）

集装箱运输节省运费的方法——巧妙设计包装

某富产进出口公司的储运科工作过多年的徐先生现在又从事出口业务工作。谈及节省运费的话题时，他认为在谈生意时就要考虑这一点。比如，他现在主要从事服装出口，如果客户订单数量经计算后装箱情况不合算，他一般会建议其将订单数量改变。比如将两个定单合装一只整柜；或者将多余数量砍下来下次再发运，这样省下来的费用会相当可观。

巧妙设计包装，熟悉运输路线，并能精打细算和善于与船公司配合，你的运费将大大下降。不可否认，了解航运市场的行情和知晓同船公司打交道的学问确实能让你节省不少费用，但是自身前期准备工作的重要性也不应忽视。邦联公司的业务代表吴先生就一再强调，出口商自身准备充分、善于配合非常重要。因为很多不必要的支出都是由于人为的疏忽大意造成的。他认为，很多人在以美金计算的海运费上会斤斤计较，但在头程的以人民币计算的费用上就没有那么精打细算，这种观念其实应该加以改进。

据最近统计，在出口成本中运费上升超过 70%。出口部门的业务人员对产品成本的控制一般都非常重视，但是对运输环节如何节省运费则关注不够。其实，在产品价格越来越透明的现在，从运输环节讲究技巧可以节省不少费用。否则，辛辛苦苦从产品成本上省下来的利润就算是交给运输公司了。

刘先生介绍说，他自己会在装运前对产品包装进行科学计算。具体做法就是参照集装箱的容积，根据订单数量来设计包装。比如一个纸箱一般装12件，如果按照这样装箱，

一只货柜装不下的话,他就改成一个纸箱装15件或20件。再根据集装箱内箱尺码设计纸箱的尺码,研究出一种最佳装箱方案,达到装满一个20′(20英尺标准箱)或40′(40英尺标准箱)货柜的最理想状态。

集装箱的海运运费怎么算?

"了解远洋运输路线也很必要",刘先生说。比如到欧洲港口,虽然多数船公司有基本港和非基本港的区别,但其运费差别最起码也在100~200美元之间。但不同的船公司划分会有所差别,了解不同公司划分情况可以通过选择运输公司争取到基本港的运价。再比如,美国东岸港口的运输方式有全水路和大陆桥两种方式,而两者之间价差有几百美金。如果不赶船期,可以向船公司要求全水路方式。

第五节 制作委托协议及相关货运单据

一、国际货运代理委托协议

(一)国际货运代理企业的法律地位

根据《中华人民共和国国际运输代理业管理规定》第二条的规定:"本规定所称国际货物运输代理业,是指接受进出口货物收货人、发货人的委托,以委托人的名义或者以自己的名义,为委托人办理国际货物运输及相关业务并收取服务报酬的行业。"

根据《中华人民共和国国际货物运输代理业管理规定实施细则(试行)》(以下称"实施细则")的第二条规定:

"国际货物运输代理企业(以下简称国际货运代理企业)可以作为进出口货物收货人、发货人的代理人,也可以作为独立经营人,从事国际货运代理业务。

国际货运代理企业作为代理人从事国际货运代理业务,是指国际货运代理企业接受进出口货物收货人、发货人或其代理人的委托,以委托人名义或者以自己的名义办理有关业务,收取代理费或佣金的行为。国际货运代理企业作为独立经营人从事国际货运代理业务,是指国际货运代理企业接受进出口货物收货人、发货人或其代理人的委托,签发运输单证、履行运输合同并收取运费以及服务费的行为。"

根据《中华人民共和国外商投资国际货运代理业管理规定》第二条的规定,"本规定所称的外商投资国际货物运输代理企业是指境外的投资者以中外合资、中外合作以及外商独资形式设立的接受进出口货物收货人、发货人的委托,以委托人的名义或者以自己的名义,为委托人办理国际货物运输及相关业务并收取服务报酬的外商投资企业"。

根据上述法律规定,我们可以明确地知道国际货运代理企业的法律地位:即国际货运代理企业是作为"进出口货物收货人、发货人的代理人,或者作为独立经营人",进行相应的法律活动的。由此,根据其所处的法律地位,国际货运代理企业如仅作为代理人时,则其接受货主的授权委托而依法代理事项所对应的法律责任应当由货主承担,国际货运代理企业所需承担的法律责任,只限于发生无权代理或者其他违反代理法律规定时需要由代理人承担的法律责任。而当国际货运代理企业如作为独立经营人时,则其所需承担的法律责任,不仅限于代理人的法律责任,还需要对其自身作为独立的法律主体(即作为运输单证的签发人,以及运输合同的履行人)时进行的相关法律活动承担相应的法律责任。

为了防止国际货运代理企业需承担法律责任的不合理扩大,在国际货运代理合同法律实务中,需要在国际货运代理企业与进出口货物收货人、发货人或其代理人签订的合同中,通过具体的约定,确定国际货运代理企业的法律地位,明晰国际货运代理企业在合同中实际的法律关系。

(二) 国际货运代理合同适用的法律、行政法规

结合我国相关主管部门对国际货运代理企业实施行政管理时出台的相关法律规定,以及国际货运代理企业在从事具体业务时所遵循的相关法律规定,在起草、修改国际货运代理合同时,应当注意参考以下主要法律、行政法规、部门规章以及国际公约的规定:

(1) 法律:《中华人民共和国民法通则》、《中华人民共和国合同法》、《中华人民共和国海商法》;

(2) 行政法规:《中华人民共和国国际海运条例》;

(3) 部门规章:《中华人民共和国国际运输代理业管理规定》、《中华人民共和国国际货物运输代理业管理规定实施细则(试行)》;

(4) 国际公约:《代理统一公约》、《代理合同统一法公约》。

对于代理人的权利与义务的条款,在中国国内法没有规定时,则可以参考《代理统一公约》、《代理合同统一法公约》等国际公约的相关规定进行制作。

(三) 签订国际货运代理合同

1. 国际货运代理合同的具体操作模式

作为为国际货运代理企业提供法律服务的律师,应当针对目前大部分企业由于工作繁忙等原因,并不十分重视订单、往来传真等法律文书的现状,建议顾问单位建立国际货运代理合同的具体操作模式为:"基本代理合同+补充协议、数据电文"模式。

即首先,应当由国际货运代理企业与委托人签订基本委托合同,在该合同中约定国际货运代理企业的法律地位及其代理事务,委托人以及国际货运代理企业的权利义务,补充协议、数据电文的定义及其法律效力,准据法,争议解决等条款,作为日后业务操作中国际货运代理企业主张权利的基本依据;然后,再由缔约各方之间日后达成合意的补充协议、数据电文等作为上述基本委托合同的补充法律文件,共同组成"基本委托合同+补充协议、数据电文"的合同模式。

2. 国际货运代理企业的法律地位及其代理事务或独立经营事务条款

针对在发生纠纷后,如何确定国际货运代理企业的法律地位是解决当事人纠纷的关键难点的实务情况,国际货运代理企业应当正视"收取1%~3%的手续费,却要承担100%的风险"这个目前货代企业普遍存在的难题,在制作国际货运代理合同时,根据国际货运代理企业获得批准的业务经营范围,在国际货运代理合同中明确约定其作为"进出口货物收货人、发货人的代理人","或者作为独立经营人"的法律地位以及其法律责任的具体范围,从而为在纠纷出现后争取合法权利奠定基础。

另外,为了使缔约各方明确国际货运代理企业承担法律责任的范围,应当根据《中华人民共和国国际货物运输代理业管理规定》第17条,以及《中华人民共和国国际货物运输代理业管理规定实施细则(试行)》第32条的规定,结合在国际货运代理合同中,明确约定国际货运代理企业的代理事务内容或独立经营事务内容。同时,分别对国际货运代理企业承担法律责任的范围进行明确的约定。如:

(1) 揽货、订舱(个体户含租船、包机、包舱)、托运、仓储、包装;

(2) 货物的监装、监卸、集装箱装拆箱、分拨、中转及相关的短途运输服务;

(3) 报关、报检、报验、保险；

(4) 缮制签发有关单证、交付运费、结算及交付杂费；

(5) 国际展品、私人物品及过境货物运输代理；

(6) 国际多式联运、集运(含集装箱拼箱)；

(7) 国际快递(不含私人信函)；

(8) 咨询及其他国际货运代理业务。

3. 转委托条款

根据《合同法》第400条的规定，"受托人应当亲自处理委托事务。经委托人同意，受托人可以转委托。转委托经同意的，委托人可以就委托事务直接指示转委托的第三人，受托人仅就第三人的选任及其对第三人的指示承担责任"。

在国际货运代理业务中，为了提供令货主满意的服务，国际货运代理企业应当根据其依法获得的经营范围，进行代理等活动。但出于经营成本等因素的考虑，往往需要国际货运代理企业将其受托事务进行转委托，由此，为了避免货主在出现纠纷后，不予承认对国际货运代理企业进行转委托的口头许可，在制作国际货运代理合同时，应当书面明确约定，货主同意国际货运代理企业对一定范围内的具体业务进行转委托，并授权国际货运代理企业有权选任转委托人。

4. 关于货运代理的收费条款

与货运代理有关的主要费用包括运费、包干费、佣金、货物索赔费、关税手续费、超期堆存费、银行手续费、代办费、速遣费等。由于货代市场混乱局面尚待进一步规范，在实际的业务操作中，难免存在一些不合法、不合理的收费形式。国际货运代理企业为了发展、壮大其自身的业务，应当恪守国家法律的规定，在合同以及实务操作中应用合法的收费方式，对于法律规定并不明确的，应当在基本委托合同中说明收费的原因以及计费方法，并在实际业务操作中切实贯彻合同的约定，尽量减少被错误解释为违法收费的可能性。

根据货运代理目前大多的收费做法，在以佣金、手续费等代理业务收费形式外，还主要以运费、包干费等费用形式，依靠与实际费用之间存在的"剪刀差"形式，从船主以及货主两方获得利润。对于运费、包干费等费用形式，在案件审理中，难以摆脱被法院认定不包含代理费用的可能性，对于该问题，货代企业应当予以注意。即如果货代企业仅被认定作为"代理人"，在合同被认定无效或者合同被认定解除后，根据《合同法》第58条或者第97条的规定，履行返还义务时，则由于佣金、包干费等合同约定并非佣金或者业务代理费用，同时往往认定佣金、包干费中包含佣金或者代理费用也难以找到依据，因此，经常出现只有货代企业为货主垫付的，应当由货主单独承担的费用被判决支持，其余运费、包干费不得不返还货主的情况。

5. 关于合同法402、403条

1999年新《合同法》的出台，突破了《民法通则》关于委托代理的规定，并导入了英美法系的隐名代理制度，赋予了受托人以自己名义办理委托事务而由委托人承担相应法律责任做法的合法性，为作为"独立经营人"的国际货运代理企业避免过度承担法律责任提供了法律依据。

合同法的具体规定包括如下：

《合同法》第402条规定，"受托人以自己的名义，在委托人的授权范围内与第三人订立的合同，第三人在订立合同时知道受托人与委托人之间的代理关系的，该合同直接约束委托人和第三人，但有确切证据证明该合同只约束受托人和第三人的除外"。

《合同法》第403条规定:"受托人以自己的名义与第三人订立合同时,第三人不知道受托人与委托人之间的代理关系的,受托人因第三人的原因对委托人不履行义务,受托人应当向委托人披露第三人,委托人因此可以行使受托人对第三人的权利,但第三人与受托人订立合同时如果知道该委托人就不会订立合同的除外。"

由于种种原因,《合同法》的上述条款在海事审判实践中并未得到广泛的共识,而法院根据审慎原则,并不倾向于根据合同法的上述条款的规定,完全排除货代企业的法律责任,而主要是结合货主或者船主提供的提单或者其他证据认定货代企业的法律责任。由此,货代企业在制作国际货运代理合同时,还是应当从稳妥的角度出发,确定其具体的法律地位以及其法律责任的具体范围。

6. 关于电子文件

《合同法》第11条,对数据电文的形式进行了明确的规定,包括电报、电传、传真、电子数据交换和电子邮件等可以有形地表现所载内容的形式。由于电子商务的发展,使用电子数据交换和电子邮件作为订立合同的书面形式的情况已经很普遍,但由于国内法律对电子证据并未做出特别规定,电子形式容易遭受篡改的特性,往往在诉讼中被抗辩电子文件不具有真实性、有效性以及已被提供方篡改等。由此,在制作国际货运代理合同时,建议增加确认电子文件的第三方认证效力的约定,或者确认经加密程序后的电子文件的有效性、真实性、未被篡改性等约定。

二、班轮货运主要货运单证流程

(一) 集装箱货物运输的单据流转

对应图4-5"班轮货运主要货运单证流程"图,具体操作步骤如下:

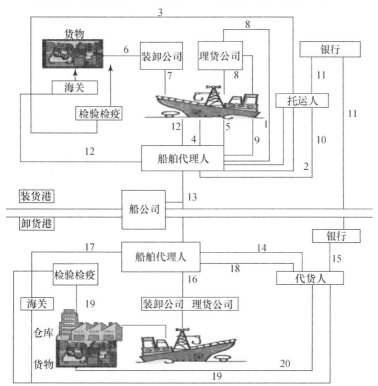

图4-5 班轮货运主要货运单证流程

(1) 托运人向船公司在装货港的代理人提出货物装运申请,填好装货联单。

(2) 船公司同意承运后核对 S/O(装货单)与托运单上的内容无误后,签发 S/O,留下留底联后退还给托运人。要求托运人将货物及时送至指定的码头仓库。

(3) 托运人持 S/O 及有关单证向海关办理货物出口报关、验货放行手续,海关在 S/O 上加盖放行图章后,货物准予装船出口。

(4) 船公司在装货港的代理人根据留底联编制装货清单,送船舶及理货公司/装卸公司。

(5) 大副根据 L/L 编制货物积载,计划交代理人分送理货,装卸公司等按计划装船。

(6) 托运人将经过检验的货物送至指定的码头仓库准备装船。

(7) 货物装船后理货长将 S/O 交大副,大副核实无误后留下 S/O,并签发收货单。

(8) 理货长将大副签发的 M/R 转交给托运人。

(9) 托运人持 M/R(收货单)到船公司,在装货港的代理人处付清运费,换取正本已装船提单。

(10) 船公司在装货港的代理人审核无误后,留下 M/R 签发 B/L(提单)给托运人。

(11) 托运人 B/L 及有关单证到议付银行结汇,议付银行将 B/L 及有关单证邮寄开证银行。

(12) 货物装船完毕后,船公司在装货港的代理人编制好出口载货清单送船长签字后,向海关办理船舶出口手续,并将 M/F(仓单)交船随带,船舶起航。

(13) 船公司在装货港的代理人根据 B/L 副本编制出口载货运费清单,连同 B/L 副本、M/R 交船公司结算代收运费,并将卸货港所需单证寄给船公司在卸货港的代理人。

(14) 船公司在卸货港的代理人接到船舶抵港电报后,将船舶到港日期通知收货人。

(15) 收货人到开证银行付清货款取回 B/L。

(16) 卸货港船公司的代理人根据装货港船公司的代理人寄来的货运单证编制进口载货清单及有关船舶进口报关和卸货所需的单证,做好接船及卸货准备工作。

(17) 船舶抵港后,船公司在卸货港的代理人随即办理船舶进口手续,船舶靠泊后即开始卸货。

(18) 收货人持正本提单向船公司在卸货港的代理处付清应付的费用后换取代理人签发的提货单。

(19) 收货人办理货物进口手续,支付进口关税。

(20) 收货人持 D/O(提货单)到码头仓库或船边提取货物。

(二) 拼箱货物运输的单据流转

无论是进口或出口拼箱货物,从总的流程上均可分为以下三种流程:货物流,指货物从生产仓库经过各种运输环节最终到达收货人的仓库或工厂;资金流,指货物从运输的起点到终点所发生的各种费用,包括货款、陆运费、海运费、仓储费、港杂费等;信息流,指反映货物在不同运输阶段所处的内在质量和外包装及位移所产生的各种变化。在信息流中,单证的传递是很重要的一个方面。

进出口拼箱货运单证在其整个传递过程中有三个重要阶段,出口报关、订舱阶段;CFS 接货、装箱及集港装船阶段;货物离港及到目的港、通关、提货阶段。

1. 出口报关、订舱阶段

主要单证有:订舱委托书,报关委托书(货主自报关可省略),报关单,商业发票,装箱单、重量单，出口许可证，商检证，产地证明书，保险单，出口拼箱货物装箱准单及其他相关单据。用其确定该票货物的如下属性：

（1）物理属性：品名，毛重，体积，件数与包装，标记和号码。

（2）运输属性：发货人，收货人，通知人，船名、航次，装货港，卸货港，目的地，运输交接方式，运费支付方式。

（3）法律属性：是否符合出口国有关法律规定，是否符合进口国有关法律规定，海关是否已同意出口放行。

拼箱公司作为承运方接货承运，首先要注意该票货的报关单据和委托书是否相符，是否一票一单；其次还要及时核对舱位配载情况，确保该票货物按发货人要求的航班及时间配载，最后通知CFS做好接货准备。此时单证及相关信息的准确无误十分关键，如发生问题要及时通知发货人及相关部门。发货人最好选择有自己出口拼箱货物装箱准单及CFS的专业拼箱公司来代理出口运输业务，如一时找不到该公司的准单，事后一定要告之该公司在准单的第四联加盖该拼箱公司的签单章。

2. CFS接货、装箱及集港装船阶段

（1）此阶段除报关时的重要单证外，拼箱公司还要缮制装货单以备二次报关使用。该装货单的场站收据副本、场站收据副本大副联、场站收据、海关副本、港口费收结算联不可遗漏。装货单的发货人应填拼箱公司，收货人需填拼箱公司在目的港或转口港的代理，还应将该批箱货的所有装箱准单号、标记和号码、件数与包装、品名、毛重、体积等相关数据依次填写清楚。

（2）此阶段不但要进一步核实报关单据与委托书之间是否相符，且要核实单与货之间是否相符，做到万无一失。

（3）如发生货物品名、重量、数量等和实际情况及相关法规不符，要及时与货主及有关方面联系，变更单据使其和货物的实际情况相符。如知情不报，在后续运输及通关环节上发生问题，拼箱公司应承担相应责任。

3. 货物离港及到目的港通关、提货阶段

（1）缮制海运提单，其主要内容有：

① 收货人的名称和地址；

② 发货人的名称和地址；

③ 提单的签发日期、地点；

④ 接受、交付货物的地点；

⑤ 货物的标志；

⑥ 货物的名称、包装、件数、重量及尺码；

⑦ 货物外表良好状况；

⑧ 签发提单份数；

⑨ 运输条款；

⑩ 运费条款。

集装箱提单是海上运输的重要单证，其作用如下：

① 责任划定。集装箱海运提单一经签发，即表明承运人已收到该货物并对运输的安全负有责任。

② 交货的凭证。拼箱公司将提单送寄目的港的代理人，以取得提货的权利。

③ 运输合同的订立。集装箱海运提单一经签发,集装箱的承运人凭其收取运费,并承诺安全无误地完成该集装箱的货物运输任务。

④ 物权凭证。谁拥有提单,谁就掌握了货物的所有权,并可自由转让买卖。

(2) 缮制小提单(House B/L)。集装箱拼箱是由若干个发货人和收货人的货物所组成,拼箱公司根据其装箱准单分别缮制成相对应的小提单。

(3) 提货单。拼箱收货人在目的港以小提单在交付相关费用后从拼箱公司的代理处换取提货的凭证,并据此以相关单据进行清关。

单证伴随着整个物流运转,参与货物运输的许多当事人是看不到实际货物的,而唯一能够查核的就是单证,单证的准确无误、及时送达,在货物运输中至关重要。

三、货运单据

(一) 常用货运单据

为了保证进出口货物的安全交接,在整个运输过程中需要编制各种单据。这些单证各有其特定的用途,彼此之间又有相互依存的关系。它们既把船、港、货各方联系在一起,又能分清各自的权利和业务。

按实际业务程序介绍一些主要的货运单证。

(1) 托运单(Booking Note)　托运单俗称"下货纸",是托运人根据贸易合同和信用证条款内容填制的,向承运人或其代理办理货物托运的单证。承运人根据托运单内容,并结合船舶的航线、挂靠港、船期和舱位等条件考虑,认为合适后,即接受托运。

(2) 装货单(Shipping Order)　装货单是接受了托运人提出装运申请的船公司,签发给托运人,凭以命令船长将承运的货物装船的单据。装货单既可用作装船依据,又是货主凭以向海关办理出口货物申报手续的主要单据之一,所以装货单又称"关单",对托运人而言,装货单是办妥货物托运的证明。对船公司或其代理而言,装货单是通知船方接受装运该批货物的指示文件。

(3) 收货单(Mates Receipt)　受货单又称大副收据,是船舶收到货物的收据及货物已经装船的凭证。船上大副根据理货人员在理货单上所签注的日期、件数及舱位,并与装货单进行核对后,签署大副收据。托运人凭大副签署过的大副收据,向承运人或其代理人换取已装船提单。由于上述三份单据的主要项目基本一致,我国一些主要口岸的做法是将托运单、装货单、收货单、运费通知单等合在一起,制成一份多达九联的单据。

(4) 海运提单(Bill of Lading)　提单是一种货物所有权凭证。提单持有人可据以提取货物,也可凭此向银行押汇,还可在载货船舶到达目的港交货之前进行转让。

(5) 装货清单(Loading List)　装货清单是承运人根据装货单留底,将全船待装货物按目的港和货物性质归类,依航次、靠港顺序排列编制的装货单汇总清单,其内容包括装货单编号、货名、件数、包装形式、毛重、估计尺码及特种货物对装运的要求或注意事项的说明等。装货清单是船上大副编制配载计划的主要依据,又是供现场理货人员进行理货,港方安排驳运,进出库场以及承运人掌握情况的业务单据。

(6) 提货单(Delivery Order)　提货单是收货人凭正本提单或副本提单随同有效的担保向承运人或其代理人换取的、可向港口装卸部门提取货物的凭证。

(7) 舱单(Manifest)　舱单是按照货港逐票罗列全船载运货物的汇总清单。它是在货物装船完毕之后,由船公司根据收货单或提单编制的。其主要内容包括货物详细情况,装卸港、提单号、船名、托运人和收货人姓名、标记号码等,此单作为船舶运载所列货物的证明。

(8)货物积载图(Cargo Plan) 货物积载图是按货物实际装舱情况编制的舱图。它是船方进行货物运输、保管和卸货工作的参考资料,也是卸港据以理货、安排泊位、货物进舱的文件。

(二)其他单据的识别与使用

1. 不可转让海运单

不可转让海运单是海上运输合同的证明和货物收据。它不是物权凭证,不可背书转让。如果信用证没有表示可接受此类单据时,银行就不能接受。不可转让的海运单的正面内容与提单基本一致,其主要内容和缮制规范,不再赘述。

(1)不可转让的海运单与提单的区别

提单具有三项作用而海运单仅有其中的两项作用。

提单是承运人收到托运人货物的收据,是承运人与托运人之间运输合同契约的证明,是收货人在货物到达地提取货物的物权凭证。作为物权凭证,海运提单是可以转让的运输单据。而海运单具有海运提单的第一项、第二项两项作用,但它不是物权凭证,不可以背书转让。提单有正反两面内容而海运单仅有正面内容。

提单的背面一般印有各种条款,受国际规则《海牙规则》、《海牙/维斯比规则》、《汉堡规则》等制约。提单中托运人是运输契约的关系人,有权对承运人提出任何主张。但是不可转让的海运单背面一般没有任何条款,海运单中的托运人无权对承运人提出任何主张。

(2)不可转让海运单的其他作用

不可转让的海运单是近年来一种新兴的海运单据,它尚未纳入国际法规范畴,但却在世界各地被普遍使用。其原因在于海运单除了以上两项作用外,从贸易和运输业务角度看还有以下作用:对进口商而言,用海运单提货方便、及时、节省费用、手续简便。

对托运人和承运人而言,容易推行EDI电子数据交换。海运单容易与空运、陆运等运单统一使用。

(3)目前不可转让海运单的可适用性

货运代理公司拼箱业务中的"总运单"一般采用海运单;货代接受货主委托,但以自己名义向承运人托运时,收货人显示货代公司目的港代理人。则"总运单"采用海运单,货代公司再签发"分运单"交货主。跨国总公司与其子公司,或与其相关公司间采用汇付、托收结汇方式时,常用海运单;贸易双方交往悠久、彼此信任、关系密切的业务,常采用海运单;对于货物价值低、数量少,或样品的业务,常采用海运单;出口商已收到买方部分或全部货款的业务,也常采用海运单。

(4)不可转让的海运单尚需进一步解决的主要问题

制约海运单的国际规则和必要条款问题。信用证方式下使用海运单对进口方、出口方和银行等各方利益保障问题。

2. 海运单与提单的区别和联系

海运单(Sea Waybill),又称海上运送单或海上货运单,它是"承运人向托运人或其代理人表明货物已收妥待装的单据,是一种不可转让的单据,即不须以在目的港揭示该单据作为收货条件,不须持单据寄到,船主或其代理人可凭收货人收到的货到通知或其身份证明而向其交货"。(引自1978年9月联合国欧洲经济委员会《Recommendation》)

（1）海运单与提单的区别和联系

提单是货物收据、运输合同，也是物权凭证；海运单只具有货物收据和运输合同这两种性质，它不是物权凭证。

提单可以是指示抬头形式，通过背书流通转让；海运单是一种非流通性单据，海运单上标明了确定的收货人，不能转让流通。

海运单和提单都可以作成"已装船"(Shipped on Board)形式，也可以是"收妥备运"(Received for Shipment)形式。海运单的正面各栏目格式和缮制方法与提单基本相同，只是海运单收货人栏不能做成指示性抬头，而应缮制确定的具体收货人。

提单的合法持有人和承运人凭提单提货和交货，海运单上的收货人并不出示海运单，仅凭提货通知或其身份证明提货，承运人凭收货人出示适当身份证明交付货物。

提单有全式和简式提单之分，而海运单是简式单证，背面不列详细货运条款但载有一条可援用海运提单背面内容的条款。

海运单和记名提单(Straight B/L)，虽然都具名收货人，不作背书转让，但它们有着本质的不同，记名提单属于提单的一种，是物权凭证，持记名提单，收货人可以再提货却不能凭海运单提货。

（2）使用海运单的好处

海运单仅涉及托运人、承运人、收货人三方，程序简单，操作方便，有利于货物的转移。

首先，海运单是一种安全凭证，它不具有转让流通性，可避免单据遗失和伪造提单所产生的后果。其次，提货便捷、及时、节省费用，收货人提货无须出示海运单，这既解决了近途海运货到而提单未到的常见问题，又避免了延期提货所产生的滞期费、仓储费等。再次，海运单不是物权凭证，扩大海运单的使用，可以为今后推行EDI电子提单提供实践的依据和可能。

（3）海运单的使用

① 跨国公司的总分公司或相关的子公司间的业务往来。

② 在赊销或买卖双方以买方付款作为转移货物的前提条件时，提单已失去其使用意义。

③ 往来已久、充分信任、关系密切的伙伴贸易间的业务。

④ 无资金风险的家用的私人物品、商业价值的样品。

⑤ 在短途海运的情况下，往往是货物先到而提单未到，宜采用海运单。

（4）海运单的不足及解决办法

海运单在实践中也存在着一些问题，为此，国际海事委员会制订并通过了《海运单统一规则》。海运单的不足主要体现在以下两方面：

进口方作为收货人，但他不是运输契约的订约人，与承运人无契约关系，如果出口方发货收款后，向承运人书面提出变更收货人，则原收货人无诉讼权。

《海运单统一规则》第三条规定："托运人订立运输合同，不仅代表自己，同时也代表收货人，并且向承运人保证他有此权限。"同时，第六条规定："托运人具有将支配权转让收货的选择权，但应在承运人收取货物之前行使，这一选择权的行使，应在海运单或类似的文件上注明。"这些规定既明确了收货人与承运人之间也具有法律契约关系，也终止了托运人在原收货人提货前变更收货人的权利。

对出口托运人来说，海运单据项下的货物往往是货到而单未到，进口方已先行提货，如果进口收货人借故拒付、拖付货款，出口方就会有货、款两失的危险。为避免此类情况，可以考虑以银行作为收货人,使货权掌握在银行手中,直到进口方付清货款。

海运单将会作为海运提单的替代单据,得到更加广泛的应用,了解海运单方面的知识才能更好地适应国际贸易的不断发展。

实训操作

1. 商品进行运输之前先要对货物包装情况有初步的了解,进行基本的查验。不同的商品将选择不同的运输方式和途径,商品的包装规格和包装质量直接影响到商品运输和安全,那么什么样的包装才符合国际运输呢?

制定一份《国际贸易商品包装分析报告》,报告应涵盖以下内容:

(1) 国际贸易商品包装的目的;

(2) 国际贸易商品包装的基本要求;

(3) 国际贸易商品包装的种类;

(4) 国际贸易商品包装的注意事项。

2. 作为货运代理公司的业务人员应对主要的航线和船运公司的基本业务范围了如指掌,那么具体这些信息该如何查询呢?

登陆"锦程物流网"查询海运船期、运价、港口转运、口岸杂费等相关信息。

分别针对美洲、欧洲、亚洲、非洲、澳洲任一知名港口,分别写出从你所在公司(工作组)最近的国内港口出发,到达你所选择的5个港口的船期、运价、口岸杂费和附加费用。

任务五　国际海上货物运输保险

 导入案例

货运代理公司成立的第一笔生意是涉及出口5个国家的海运代理业务。

北京某机械配件生产厂家向德国、美国、南非、日本、澳大利亚等5个国家制造公司出口机械零部件,均以CIF签订了出口合同。CIF是由卖方负责安排运输,同时办理保险。

不同的国家所面临的运输风险也不尽相同。出口厂商咨询货运代理公司在合同保险条款中应如何确定保险内容,如果不增加特别的约定只需要按发票金额加成10%投保最低险别即可。但是5个进口商均强调运输的安全问题,那么该如何选择保险呢?

在进出口贸易中,货物往往要经过长途运输。在运输途中,货物可能会遇到各种风险而导致损失。买方或卖方为转嫁可能遭受的损失,都要对货物进行保险。通过向保险公司投保,使货物在遭受损失后得以补偿。保险问题也是进出口贸易中必须了解和掌握的问题。保险公司对哪些风险导致的货物损失给予赔偿,买方或卖方如何办理保险,投保什么险别为好,将是我们需要在业务展开前搞清楚的问题。

 任务要求

选择保险种类,签订保险合同

 任务流程

1. 确定承保范围
2. 选择投保险别
3. 确定保险金额
4. 签订保险合同

 知识要点

1. 海上货物运输风险与损失
2. 国际海运货物保险的险别
3. 保费的核算

技能要求

1. 了解承保的风险和保障的损失
2. 掌握保险的险别,能够根据订单需求选择合适的险种
3. 掌握保险费的计算方法及赔偿方式
4. 了解保险合同的主要内容

第一节　熟悉海上风险及货运保险承保的范围

一、海上货物运输风险的种类

国际贸易货物在海上运输、装卸和储存过程中,可能会遭到各种不同风险,而海上货物运输保险人主要承保的风险有海上风险和外来风险。

(一) 海上风险

海上风险在保险界又称为海难,包括海上发生的自然灾害和意外事故。自然灾害是指由于自然界的变异引起破坏力量所造成的灾害。海运保险中,自然灾害仅指恶劣气候,雷电、海啸、地震、洪水、火山爆发等人力不可抗拒的灾害。意外事故是指由于意料不到的原因所造成的事故。海运保险中,意外事故仅指搁浅、触礁、沉没、碰撞、火灾、爆炸和失踪等。

1. 搁浅

是指船舶与海底、浅滩、堤岸在事先无法预料到的意外情况下发生触碰,并搁置一段时间,使船舶无法继续行进以完成运输任务。但规律性的潮涨潮落所造成的搁浅则不属于保险搁浅的范畴。

2. 触礁

是指载货船舶触及水中岩礁或其他阻碍物(包括沉船)。

3. 沉没

是指船体全部或大部分已经没入水面以下,并已失去继续航行能力。若船体部分入水,但仍具航行能力,则不视作沉没。

4. 碰撞

是指船舶与船或其他固定的、流动的固定物猛力接触。如船舶与冰山、桥梁、码头、灯标等相撞等。

5. 火灾

是指船舶本身、船上设备以及载运的货物失火燃烧。

6. 爆炸

是指船上锅炉或其他机器设备发生爆炸和船上货物因气候条件(如温度)影响产生化学反应引起的爆炸。

7. 失踪

是指船舶在航行中失去联络,音讯全无,并且超过了一定期限后,仍无下落和消息,即被认为是失踪。

(二) 外来风险

外来风险一般是指由于外来原因引起的风险。它可分为一般外来风险和特殊外来

风险。

1. 一般外来风险

是指货物在运输途中由于偷窃、下雨、短量、渗漏、破碎、受潮、受热、霉变、串味、沾污、钩损、生锈、碰损等原因所导致的风险。

2. 特殊外来风险

是指由于战争、罢工、拒绝交付货物等政治、军事、国家禁令及管制措施所造成的风险与损失。如因政治或战争因素,运送货物的船只被敌对国家扣留而造成交货不到;某些国家颁布的新政策或新的管制措施以及国际组织的某些禁令,都可能造成货物无法出口或进口而造成损失。

二、海损

被保险货物因遭受海洋运输中的风险所导致的损失称之为海损或海上损失。海损按损失程度的不同,可分为全部损失和部分损失。

(一) 全部损失

全部损失简称全损,是指被保险货物在海洋运输中遭受全部损失。从损失的性质看,全损又可分为实际全损和推定全损两种。

1. 实际全损

又称绝对全损,是指保险标的物在运输途中全部灭失或等同于全部灭失。在保险业务上构成实际全损主要有以下几种:

(1) 保险标的物全部灭失。例如,载货船舶遭遇海难后沉入海底,保险标的物实体完全灭失。

(2) 保险标的物的物权完全丧失已无法挽回。例如,载货船舶被海盗抢劫,或船货被敌对国扣押等。虽然标的物仍然存在,但被保险人已失去标的物的物权。

(3) 保险标的物已丧失原有商业价值或用途。例如,水泥受海水浸泡后变硬;烟叶受潮发霉后已失去原有价值。

(4) 载货船舶失踪,无音讯已达相当一段时间。在国际贸易实务中,一般根据航程的远近和航行的区域来决定时间的长短。

2. 推定全损

是指保险货物的实际全损已经不可避免,而进行施救、复原的用已超过将货物运抵目的港的费用或已超出保险补偿的价值这种损失即为推定全损。构成被保险货物推定全损的情况有以下几种:

(1) 保险标的物受损后,其修理费用超过货物修复后的价值。

(2) 保险标的物受损后,其整理和继续运往目的港的费用,超过货物到达目的港的价值。

(3) 保险标的物的实际全损已经无法避免,为避免全损所需的施救费用,将超过获救后标的物的价值。

(4) 保险标的物遭受保险责任范围内的事故,使被保险人失去标的物的所有权,而收回标的物的所有权,其费用已超过收回标的物的价值。

(二) 部分损失

部分损失是指被保险货物的损失没有达到全部损失的程度。部分损失按其性质,可分为共同海损和单独海损。

1. 共同海损

根据1974年国际海事委员会制定的《约克安特卫普规则》的规定,载货船舶在海运上遇难时,船方为了共同安全,以使同一航程中的船货脱离危险,有意而合理地作出的牺牲或引起的特殊费用,这些损失和费用被称为共同海损。构成共同海损的条件是:

(1)共同海损的危险必须是实际存在的,或者是不可避免的,而非主观臆测的。因为不是所有的海上灾难,事故都会引起共同海损的。

(2)必须是自愿地和有意识地采取合理措施所造成的损失或发生的费用。

(3)必须是为船货共同安全采取的谨慎行为或措施时所做的牺牲或引起的特殊费用。

(4)必须是属于非常性质的牺牲或发生的费用,并且是以脱险为目的。共同海损行为所作出的牺牲或引起的特殊费用,都是为使船主、货主和承运方不遭受损失而支出的,因此,不管其大小如何,都应由船主、货主和承运各方按获救的价值,以一定的比例分摊。这种分摊叫共同海损的分摊。在分摊共同海损费用时,不仅要包括未受损失的利害关系人,而且还需包括受到损失的利害关系人。

2. 单独海损

是指保险标的物在海上遭受承保范围内的风险所造成的部分灭失或损害,即指除共同海损以外的部分损失。这种损失只能由标的物所有人单独负担,与共同海损相比较,单独海损的特点是:

(1)它不是人为有意造成的部分损失。

(2)它是保险标的物本身的损失。

(3)单独海损由受损失的被保险人单独承担,但其可根据损失情况从保险人那里获得赔偿。根据英国海上法,货物发生单独海损时,保险人应赔金额的计算,等于受损价值与完好价值之比乘以保险金。

第二节　选择海洋运输保险投保的险种

一、货损原因的种类

预防货损须先知其原因,且须知形成这些原因的过程与细节,才会正确而深刻地认识货损原因并采取有针对性的措施。在船上发现的货损其原因极多,归纳起来有以下九种:

(1)未装船前已受损或已存在了潜伏的致损因素;

(2)装卸作业中受损;

(3)受载场所条件不符合要求;

(4)船上积载不当;

(5)装船后与航途中及卸船前的期间保管不当;

(6)自然灾害;

(7)其他事故殃及;

(8)盗窃;

(9)其他。

二、险别

海洋运输货物保险是以船舶及其附属品为保险标的的保险业务。根据船舶所处的状态分为船舶营运险、船舶建造险、船舶停航险、船舶修理险、拆船保险和集装箱保险等。狭义的船舶保险就是指船舶营运险,其中又可以分为基本险、附加险和特殊附加险三种。海洋运输货物保险有其平安险的承保责任范围:平安险的承保责任范围、水渍险的责任范围、一切险的责任范围等。还有不予负责的损失或费用的除外责任。

(一) 基本险

基本险可以单独投保,被保险人投保时,必须选择一种基本险投保。海洋货运保险的基本险包括平安险(FPA)、水渍险(WPA 或 WA)和一切险(All Risks)。

1. 平安险

平安险的承保范围包括除了由自然灾害造成的单独海损以外的海上风险所造成的一切损失和费用。具体包括:

在运输过程中,由于自然灾害造成被保险货物的实际全损或推定全损。由于运输工具遭遇搁浅、触礁、沉没、互撞与流冰或其他物体碰撞以及失火、爆炸等意外事故造成被保险货物的全部或部分损失。只要运输工具曾经发生搁浅、触礁、沉没、焚毁等意外事故,不论这意外事故发生之前或者以后曾在海上遭遇恶劣气候、雷电、海啸等自然灾害造成的被保险货物的部分损失。

在装卸转船过程中被保险货物一件或数件、整件落海所造成的全部损失或部分损失。

被保险人对遭受承保责任内危险的货物采取抢救、防止或减少货损措施支付的合理费用,但以不超过该批被救货物的保险金额为限。

运输工具遭遇自然灾害或者意外事故,需要在中途的港口或者在避难港口停靠,因而引起的卸货、装货、存仓以及运送货物所产生的特别费用。

共同海损的牺牲、分摊和救助费用。运输契约订有"船舶互撞责任"条款,按该条款规定应由货方偿还船方的损失。

2. 水渍险

水渍险的承保范围包括海上风险所造成的一切损失和费用。即在平安险的基础上,加上自然灾害造成的单独海损。

3. 一切险

一切险的承保范围,包括水渍险的所有责任,还包括由一般外来风险所造成的损失。

根据保险条款规定,上述基本险承保责任的起讫,采用国际保险业通用的"仓至仓条款"(W/W Clause)。该条款规定,保险人的保险责任自被保险货物运离保险单所载明的起运地仓库或储存处所开始运输时生效,直到该项货物到达保险单所载明目的地收货人的最后仓库或储存处所或被保险人用作分配、分派或非正常运输的其他储存处为止。如未抵达上述目的地,则在货物于最后卸载港全部卸离海轮后 60 天为止。在上述 60 天内如再需转运,则开始转运时保险责任终止。

上述基本险还规定了下列除外责任(Exclusions):

(1) 被保险人的故意行为或过失所造成的损失;

(2) 属于发货人责任引起的损失;

(3) 在保险责任开始前,被保险货物已存在的品质不良或数量短差所造成的损失;

(4) 被保险货物的自然损耗、本质缺陷、特性以及市价跌落、运输延迟所造成的损失和费用；

(5) 属于海洋运输货物战争险条款和货物运输罢工险条款规定的责任范围和除外责任。

(二) 附加险

附加险承保由外来风险所造成的损失，可分成一般附加险和特殊附加险，分别对应于一般外来风险和特殊外来风险。

一般附加险包括：偷窃提货不着险、淡水雨淋险、渗漏险、短量险、钩损险、破碎碰损险、锈损险、混杂沾污险、串味险、受潮受热险、包装破裂险等11种。

特殊附加险主要有战争险、罢工险、舱面险、拒收险、交货不到险、黄曲霉素险、进口关税险以及货物出口到港澳地区的存仓火险责任扩展条款等8种。已投保战争险后另加保罢工险不另收费，一般同时投保。战争险的责任起讫不是"仓至仓"，保险人只负水面责任。

附加险不能单独投保，可在投保一种基本险的基础上，根据货运需要加保其中的一种或若干种。投保了一切险后，因一切险中已包括了所有一般附加险的责任范围，所以只需在特殊附加险中选择加保。

(三) 责任起讫

按照国际保险业的习惯，基本险采用的是"仓至仓条款"（Warehouse to Warehouse Clause——W/W Clause），即保险责任自被保险货物从保险单所载明的起运地发货人仓库或储存处所开始生效，包括正常运输过程中的海上、陆上、内河和驳船运输在内，直至该项货物到达保险单所载明目的地收货人的最后仓库或储存处所或被保险人用作分配、分派或非正常运输的其他储存处所为止。如未抵达上述仓库或储存处所，则以被保险货物在最后卸载港全部卸离海轮后满六十天为止。如在上述六十天内被保险货物需转运到非保险单所载明的目的地时，则以该项货物开始转运时终止。

由于被保险人无法控制的运输延迟、绕道、被迫卸货、重行装载、转载或承运人运用运输契约赋予的权限所作的任何航海上的变更或终止运输契约，致使被保险货物运到非保险单所载明目的地时，在被保险人及时将获知的情况通知保险人，并在必要时加缴保险费的情况下，本保险仍继续有效，保险责任按下列规定终止：

(1) 被保险货物如在非保险单所载明的目的地出售，保险责任至交货时为止，但不论任何情况，均以被保险货物在卸载港全部卸离海轮后满六十天为止。

(2) 被保险货物如在上述六十天期限内继续运往保险单所载原目的地或其他目的地时，保险责任仍按上述第（一）款的规定终止。

(四) 被保险人的义务

被保险人应按照以下规定的应尽义务办理有关事项，如因未履行规定的义务而影响保险人利益时，本公司对有关损失，有权拒绝赔偿。

(1) 当被保险货物运抵保险单所载明的目的港（地）以后，被保险人应及时提货，当发现被保险货物遭受任何损失，应即向保险单上所载明的检验、理赔代理人申请检验，如发现被保险货物整件短少或有明显残损痕迹应即向承运人、受托人或有关当局（海关、港务当局等）索取货损货差证明。如果货损货差是由于承运人、受托人或其他有关方面的责任所造成，并应以书面方式向他们提出索赔，必要时还须取得延长时效的认证。

（2）对遭受承保责任内危险的货物，被保险人和本公司都可迅速采取合理的抢救措施，防止或减少货物的损失，被保险人采取此项措施，不应视为放弃委付的表示，本公司采取此项措施，也不得视为接受委付的表示。

（3）如遇航程变更或发现保险单所载明的货物、船名或航程有遗漏或错误时，被保险人应在获悉后立即通知保险人并在必要时加缴保险费，本保险才继续有效。

（4）在向保险人索赔时，必须提供下列单证：保险单正本、提单、发票、装箱单、磅码单、货损货差证明、检验报告及索赔清单。如涉及第三者责任，还须提供向责任方追偿的有关函电及其他必要单证或文件。

（5）在获悉有关运输契约中"船舶互撞责任"条款的实际责任后，应及时通知保险人。

（五）索赔期限

本保险索赔时效，从被保险货物在最后卸载港全部卸离海轮后起算，最多不超过二年。

三、ICC

协会货物条款(Institute Cargo Clause，简称 ICC)最早制定于 1912 年。为了适应不同时期国际贸易、航运、法律等方面的变化和发展，该条款已先后多次补充和修改。

在国际保险市场上，各国保险组织都制定有自己的保险条款。但最为普遍采用的是英国伦敦保险业协会所制订的《协会货物条款》，我国企业按 CIF 或 CIP 条件出口时，一般按《中国保险条款》投保，但如果国外客户要求按《协会货物条款》投保，一般可予接受。

《协会货物条款》共有 6 种险别，它们是：

（1）协会货物条款(A)[简称 ICC(A)]；

（2）协会货物条款(B)[简称 ICC(B)]；

（3）协会货物条款(C)[简称 ICC(C)]；

（4）协会战争险条款(货物)(IWCC)；

（5）协会罢工险条款(货物)(ISCC)；

（6）恶意损害险(Malicious Damage Clause)。

以上六种险别中，(A)险相当于中国保险条款中的一切险，其责任范围更为广泛，故采用承保"除外责任"之外的一切风险的方式表明其承保范围。(B)险大体上相当于水渍险。(C)险相当于平安险，但承保范围较小些。(B)险和(C)险都采用列明风险的方式表示其承保范围。六种险别中，只有恶意损害险，属于附加险别，不能单独投保，其他五种险别的结构相同，体系完整。因此，除(A)、(B)、(C)三种险别可以单独投保外，必要时，战争险和罢工险在征得保险公司同意后，也可作为独立的险别进行投保。

投保货运险该如何选择保险公司？

投保货运险选择保险公司可以从以下几个方面考虑：

（1）险种与价格投保人在选择保险公司时，首先要选择那些能为自己提供适当的、切实可行的保障的保险公司。从长远的观点来看，经济效益较好的保险公司，往往价格合适，服务也相对较好。

（2）偿付能力和经营状况，比如查看保险监管机构或评级机构对保险公司的评定结果，如惠誉国际（太平人寿获得过BBB$^+$评级）、标准普尔（太平洋保险获得过标普评级）等。

（3）服务各家公司的保单很相似，但服务却不尽相同。往往保险费较低的公司所提供的服务会与期望的不相符，因为便宜的价格往往是以降低服务标准作为代价的。投保选择保险公司时，要注意两方面，一是从代理人那里获得的服务，二是该公司对代理人的培训和管理水平。后者对于投保人来说更为重要。

另外，对这家保险公司保险代理人也要进行考察。

一是从业资格，从事保险代理人必须考取《保险代理人从业资格证书》，并获得所属保险公司的《展业证》。二是专业水平，主要是看代理人对保险知识和保险产品的熟悉程度。三是真诚和责任感，这主要表现代理人的人性一面，真正为客户着想的代理人会从客户的利益和需要出发，不会因为自己利益而隐瞒事实或欺骗客户。四是从业时间的长短，保险代理人是一个流动性很大的行业，如果因为代理人离职而成为"孤儿保单"，虽然保障利益不会受损，但服务可能会受影响。一般从业时间较长的代理人，稳定性较好，从他那里得到的服务也较有保障。

第三节　计算保费，办理投保手续

一、计算保费

（一）投保

我国出口货物一般采取逐笔投保的办法。按 FOB 或 CFR 术语成交的出口货物，卖方无办理投保的义务，但卖方在履行交货之前，货物自仓库到装船这一段时间内，仍承担货物可能遭受意外损失的风险，需要自行安排这段时间内的保险事宜。按 CIF 或 CIP 等术语成交的出口货物，卖方负有办理保险的责任，一般应在货物从装运仓库运往码头或车站之前办妥投保手续。我国进口货物大多采用预约保险的办法，各专业进出口公司或其收货代理人同保险公司事先签有预约保险合同。签订合同后，保险公司负有自动承保的责任。

（二）保险金额确定和保险费的计算

1. 保险金额

按照国际保险市场的习惯做法，出口货物的保险金额一般按 CIF 货价另加 10% 计算，这增加的 10% 为保险加成，也就是买方进行这笔交易所付的费用和预期利润。保险金额计算的公式是：

$$保险金额 = CIF 货值 \times (1 + 加成率)$$

2. 保险费

投保人按约定方式缴纳保险费是保险合同生效的条件。保险费率是由保险公司根据一定时期、不同种类的货物的赔付率，按不同险别和目的地确定的。保险费则根据保险费率表按保险金计算，其计算公式是：

$$保险费 = 保险金额 \times 保险费率$$

在我国出口业务中，CFR 和 CIF 是两种常用的术语。鉴于保险费是按 CIF 货值为基础的保险额计算的,两种术语价格应按下述方式换算。

由 CIF 换算成 CFR 价：CFR＝CIF×[1－保险费率×(1＋加成率)]

由 CFR 换算成 CIF 价：CIF＝CFR/[1－保险费率×(1＋加成率)]

在进口业务中,按双方签订的预约保险合同承担,保险金额按进口货物的 CIF 货值计算,不另加成,保费率按"特约费率表"规定的平均费率计算；如果 FOB 进口货物,则按平均运费率换算为 CFR 货值后再计算保险金额,其计算公式如下：

FOB 进口货物：保险金额＝[FOB 价×(1＋平均运费率)]/(1－平均保险费率)

CFR 进口货物：保险金额＝CFR 价/(1－平均保险费率)

投保人可根据标准的海运保险费用计算公式来计算自己的货物保费,根据自身的需求选择投保。

二、保险合同

货物运输保险合同是指货物的托运人向承运人交运货物时,向保险人支付保险费,在被保险货物发生保险合同约定损失时,由保险人负责赔偿损失的保险合同。货物运输保险合同是指以运输过程中的货物作为保险标的的保险合同。

(一) 制定货运保险合同的目的

货物运输保险的目的在于补偿被保险货物在运输过程中因自然灾害或者意外事故所造成的经济损失,以加强对运输货物的安全防损工作。货物运输保险合同运用于所有的货物运输,包括水路货物运输、公路货物运输、铁路货物运输、航空货物运输以及海洋货物运输等方面的保险。

(二) 货运保险合同的特征

第一,货物运输保险的标的是运输途中的财产,包括生产资料和生活资料。但是,国家禁止运输或限制运输的物品、不符合国家规定的包装标准的物品以及无法鉴定价值的物品等,不能参加货物运输保险。

第二,货物运输保险的投保方,必须是对保险财产有利害关系的法人,如货主、发货人、托运人或者承运人。

第三,货物运输保险的期限,一般是以一次航程或运程来计算的。

第四,保险货物的运输方式,包括海洋船舶运输、陆上铁路或公路运输、航空运输等。

(三) 货运保险合同的要素

保险合同的要素由保险合同的主体、客体和内容三方面构成。

1. 保险合同的主体

(1) 保险合同的当事人

保险人亦称承保人,保险人是与投保人订立保险合同,并承担赔偿或者给付保险金责任的保险公司。

投保人亦称要保人,是与保险人订立保险合同并按照保险合同有支付保险费义务的人。投保人必须具有一定的条件,投保人必须具有相应的权利能力和行为能力,投保人必须对保险标的具有保险利益。(投保人或被保险人对保险标的无保险利益的,保险合同无效。)

(2) 保险合同的关系人

被保险人是其财产或者人身受保险合同保障,享有保险金请求权的人。

受益人是由被保险人或投保人指定的享有保险金请求权的人。

（3）保险合同的辅助人

保险代理人是根据保险人的委托，向保险人收取保险代理手续费，在保险人授权的范围内代为办理保险业务的单位和个人。我国《保险法》规定，经营人寿保险业务的保险代理人，不得同时接受两家或两家以上人寿保险公司的委托，从而形成了专业代理人、兼业代理人和个人代理人。

保险经纪人是基于投保人的利益，为被保险人和保险人订立保险合同提供中介服务，依法收取佣金的单位。

保险经纪人与保险代理人区别：法律地位不同，业务活动的名义有别，在授权范围内所完成的行为之效力对象不同，行为后果承担者不同。

保险公证人是站在第三者的立场依法为保险合同当事人办理保险标的的查勘、鉴定、估损及理赔款项清算业务，并给予证明的人。保险公证人由具备专业知识和技术的专家担当，且保持公平独立的立场执行职务。

2. 保险合同的客体

保险合同的客体是保险合同的保险利益，即投保人对所保险标的所具有的保险利益。

3. 保险合同的内容

保险条款包括基本条款、附加条款、法定条款、保证条款、协会条款。

基本条款的内容包括当事人和关系人的名称和住所，保险标的，保险金额，保险费及其支付方式，保险价值，保险责任和责任免除，保险期间和保险责任开始的时间，保险金赔偿或者给付方法，违约责任和争议处理，订立合同的年月日。

保险金额：简称保额，是指保险人承担赔偿或者给付保险金责任的最高限额。

保险价值是投保人与保险人相互约定并记载于保险合同中的保险标的的价值。保险法规定保险金额超过保险价值时，超过部分无效。人身无法用金钱进行计算，人身保险合同中不存在保险价值问题。

三、办理保险手续

（一）班轮运输投保程序

在解决办理国际货运保险的程序前，我们首先要明确：在国际货物买卖过程中，由哪一方负责办理投保海洋货运险，应根据买卖双方商订的价格条件来确定。如按 CIF 条件，就应由卖方办理国际运输保险。

1. 确定投保国际运输保险的金额

投保金额是诸保险费的依据，又是货物发生损失后计算赔偿的依据。按照国际惯例，投保金额应按发票上的 CIF 的预期利润计算。但是，各国市场情况不尽相同，对进出口贸易的管理办法也各有差异。

例如：向中国平安保险公司办理进出口货物运输保险，有按两种办法：一种是逐笔投保，另一种是按签订预约保险总合同办理。

2. 填写国际运输保险投保单

保险单是投保人向保险人提出投保的书面申请。填写投保单依据货物运输路线确定不同的投保单，例如进出口业务，须提供信用证、提单、发票、装箱单、起运通知等资料，并进行风险评估。

货 物 运 输 保 险 单
CARGO TRANSPORTATION INSURANCE POLICY

№ 00000001

被保险人（Insured）：_____

信达财产保险股份有限公司（以下简称本公司）根据被保险人要求，以被保险人向本公司缴付约定的保险费为对价，按照本保险单列明条款承保货物运输保险，特订立本保险单。
THIS POLICY OF INSURANCE WITNESSES THAT CINDA PROPERTY INSURANCE COMPANY LIMITED (HEREINAFTER CALLED "THE COMPANY") AT THE REQUEST OF THE INSURED AND IN CONSIDERATION OF THE AGREED PREMIUM PAID TO THE COMPANY BY THE INSURED UNDERTAKES TO INSURED THE UNDERMENTIONED GOODS IN TRANSPORTATION SUBJECT TO THE CONDITIONS OF THIS POLICY AS PER THE CLAUSES PRINTED BELOW.

保险单号（Policy No.）：
发票号或提单号（Invoice No. or B/L No.）：
信用证号（L/C No.）：

标记 MARKS & NOS.	包装及数量 QUANTITY	保险货物项目 GOODS	保险金额 AMOUNT INSURED

总保险金额：
Total Amount Insured:_____

保费（Premium）：_____ 启运日期（Date of Commencement）：_____

装载运输工具（Per Conveyance）：_____

自（From）：_____ 经（Via）：_____ 至（To）：_____

承保险别（Conditions）：

所保货物如发生保险单项下可能引起索赔的损失，应立即通知本公司或下述代理人查勘。如有索赔，应向本公司提交保险单（本保险单共有_____份正本）及有关文件。如一份正本已用于索赔，其余正本自动失效。
IN THE EVENT OF LOSS OR DAMAGE WHICH MAY RESULT IN A CLAIM UNDER THIS POLICY, IMMEDIATE NOTICE MUST BE GIVEN TO THE COMPANY OR AGENT AS MENTIONED. CLAIMS, IF ANY, ONE OF THE ORIGINAL POLICY WHICH HAS BEEN ISSUED IN_____ORIGINAL (S) TOGETHER WITH THE RELEVANT DOCUMENTS SHALL BE SURRENDERED TO THE COMPANY. IF ONE OF THE ORIGINAL POLICY HAS BEEN ACCOMPLISHED, THE OTHERS TO BE VOID.

赔款偿付地点
Claim Payable at_____

查勘代理人
Survey By:_____
_____
_____

签单日期（Issuing Date）_____   _____
核保人：_____ 制单人：_____ 经办人：_____   Authorized Signature

　　投保单填写内容包括：保险标的的名称，保险标的的包装情况，保险标的的重量，保险标的的数量，承保险别，使用条款，运输工具，如船舶、火车、汽车、飞机等，其中，如果船舶运输，散装货物须提供船舶的名称、船龄、船级等资料，运输方式如是否集装箱运输、集装箱拼箱运输、散货、件杂货等情况。

3. 支付保险费，取得保险单

保险费按投保险别的保险费率计算。保险费率是根据不同的险别、不同的商品、不同的运输方式、不同的目的地，并参照国际上的费率水平而制订的。它分为"一般货物费率"和"指明货物加费费率"两种。前者是一般的货运险费率，后者系指特别列明的货物（如某些易碎、易损商品）在一般费率的基础上另行加收的费率。

交付保险费后，投保人即可取得保险单。保险单实际上已构成投保人与保险人之间的保险契约，在发生保险范围内的损失或灭失时，投保人可凭保险单要求保险人赔偿。

4. 提出索赔手续

当被保险的货物发生属于保险责任范围内的损失时，投保人可以向保险人提出赔偿要求。按《INCOTERNS 1990》E 组、F 组、C 组包含的 8 种价格条件成交的合同，一般应由买方办理索赔。按《INCOTERNS 1990》D 组包含的 5 种价格条件成交的合同，则视情况由买方或卖方办理索赔。

（二）租船运输的投保方式

凡是按 CIF 价格成交的出口合同，卖方在装船前，须及时由中国人民保险公司办理投保手续，填制投保单。出口商品的投保手续一般都是逐笔办理的，投保人在投保时应将货物名称、保额、运输路线、运输工具、开航日期、投保险别等一一列明。由于我进出口公司同中国人民保险公司的业务量较大，为简化手续，一般不填写投保单，而是利用出口货物明细单或货物出运分析单等替代投保单，保险公司接受投保，签发保险单或保险凭证。

从以上出口合同履行的环节可以看出，在出口合同履行过程中，货、证、船的衔接是一项极其细致而复杂的工作。因此，进出口公司为做好出口合同履行，必须加强对出口合同的科学管理，建立起能反映出口合同执行情况的进程管理制度，采取相应的管理措施，做好"四排"、"三平衡"的工作。"四排"是以买卖合同为对象，根据进程卡片反映的情况，其中包括信用证是否开到、货源能否落实，进行分析排队。并归纳为四类：即"有证有货、有证无货、无证有货、无证无货"，通过发现问题，及时解决。"三平衡"是指以信用证为对象，根据信用证规定的货物装船期和信用的有效期远近，结合货源和运输能力的具体情况部署，分清轻重缓急，力求做到证、货、船三方面的衔接和平衡。尽力避免交货期不准、拖延交货期或不交货等现象的产生。

小贴士

四大海运风险防范措施

第一，必须重视对托运人或租船人的资信调查。对于资信较好的托运人或租船人可以予以信任，对运费支付条件可以放松一点，以求和客户保持长期、稳定、良好的合作关系。而对于规模较小、偿付能力有限、资信不良的公司则应把好关。当运费被拖欠时，航运公司应及时采取措施，赢得主动，以保全运费的回收。考虑到议付行审核单证需要一段时间，如中国银行审单时间为 7 天左右，在买卖合同信用证项下的货款还没有支出时，航运公司可以申请当地司法机关,对银行账户予以查封、冻结,从而请求法院判决要求债务人支付其拖欠的运费。

第二,在信用证交易情况下,航运公司可以要求托运人或租船人开具以原交易的信用证议付行为开证行、航运公司为受益人的信用证,或提供议付行出具的保证其支付运费的保函。由于托运人或租船人是前一信用证的受益人,可以凭前一信用证作担保,开具以议付行为开证行、航运公司为受益人的信用证,银行承担第一性的付款义务,把商业信用转为银行信用,或者提供议付行出具的保函。因为托运人或租船人有信用证作担保,他也不需要再交开证押金,要求议付行开信用证仅仅需要支付一些手续费而已。同样,对于要求议付行出保函也易取得议付行的同意。

第三,运费支付时间尽量约定在预付运费提单签发之时或之前,因为在此情况下,托运人或租船人交付足够运费之前,航运公司没有任何义务签发运费已付提单。当前国际贸易中一般都采用 CIF 或 CFR 价格条件,信用证一般也都要求是运费已付提单。托运人或租船人所持单证与信用证规定的单证不一致时议付行有权拒付,由此迫使其及时交付运费的结汇。

第四,航运公司可以将租船中的责任终止及留置条款明确地并入提单中。虽然多数国家都许可并入条款的效力,但为了保护善意的提单持有人,对并入条款都进行严格解释,限制所并入提单的租约条款。而且责任终止条款不能通过普通语言并入提单,要想并入必须通过明确文字,因为其不属于与提单持有人提货有关的条件。通过这种方法,航运公司在债务人不支付运费时可直接留置货物,按程序进行拍卖、变卖,从价款中优先受偿。

实训操作

1. 进行国际贸易、国际货物运输、国际货运代理业务,风险将会随时出现,如何在风险来临之前做出相应的防范,进行适当的规避,提前进行风险防御是我们国际货运代理公司在展开业务过程中需要考虑的问题,也是我们整个业务流程中非常关键的一个环节。那么,哪些风险是应该注意的,又应该如何处理呢?我们必须首先了解和掌握以下问题。

(1) 风险管理的目标是什么?
(2) 保险的本质是什么?
(3) 什么是可保风险?
(4) 保险有哪些种类?
(5) 简述保险合同的解释原则。
(6) 何谓近因原则?保险理赔中该如何坚持近因原则?有何现实意义?
(7) 在什么时候保险人可以行使代位求偿权?
(8) 何谓委付?保险人接受委付意味着什么?
(9) 何谓重复保险?对于重复保险,保险人应如何进行损失赔偿?

2. 进口货物较多采用 FOB 或 FCA 条件,为简化手续,方便计算,进出口企业往往与保险公司签订预约保险合同,共同议定平均运费率和平均保险费率(也可以按实际运费率和保险费率计算),查询其计算公式是什么?

(1) 以CIF或CIP条件成交的合同,其保险费计算的一般公式是什么?

(2) 查询资料,填制完成下列表格内容。

英文名称	中文表示	交货地点	风险转移界限	运输支付方	保险支付方
FOB					
CFR					
CIF					
CPT					
CIP					

	FOB、CFR、CIF	FCA、CPT、CIP
共同点		
风险划分		
投保险别		
提交单据		

任务六 航空运输

 导入案例

北京某食品公司向德国、美国、南非、日本、澳大利亚等5个国家出口半成品蓝莓果肉，以空运方式，预计每月向5个进口商提供2吨产品。在签订出口协议前，该公司向李林的货运代理公司咨询出口运输的费用以核算成本。

空运业务的成本较高，客户的出口业务周期不长，但出口量稳定。出口向不同的国家采用什么样的空运方式？具体运输的时间？选择哪家航空公司？这些问题都需要尽快确定，以便于出口商进一步与进口商协商确定合同的运输条款。而作为货运代理公司也要根据货物要求进一步联系船运公司安排空运计划。

 **任务要求**

制订空运代理工作方案

 任务流程

1. 选择运输方式
2. 确定运输路线，选择航空公司
3. 计算运费
4. 签订货运代理协议
5. 准备和填制出口货运单据
6. 交接货物及单据
7. 办理保险
8. 费用结算

知识要点

1. 国际货物运输方式
2. 确定装运条件
3. 明确运输单据
4. 核算运输费用
5. 签订保险合同

技能要求

1. 能够根据具体产品及业务要求,选择适当的运输方式
2. 能够制定合理的运输路线,选择最佳的航空公司
3. 能够掌握填制运输单据的方法
4. 能够准确地计算出运输环节的各种费用
5. 了解空运风险,能够针对订单需求选择适合的保险

第一节 熟悉国际航空运输行业基本现况

一、航空运输

航空运输,使用飞机、直升机及其他航空器运送人员、货物、邮件的一种运输方式。具有快速、机动的特点,是现代旅客运输,尤其是远程旅客运输的重要方式,为国际贸易中的贵重物品、鲜活货物和精密仪器运输所不可缺。

(一)航空运输的发展

航空运输始于1871年。当时普法战争中的法国人用气球把政府官员和物资、邮件等运出被普军围困的巴黎。1918年5月5日,飞机运输首次出现,航线为纽约—华盛顿—芝加哥。同年6月8日,伦敦与巴黎之间开始定期邮政航班飞行。20世纪30年代有了民用运输机,各种技术性能不断改进,航空工业的发展促进航空运输的发展。第二次世界大战结束后,在世界范围内逐渐建立了航线网,以各国主要城市为起讫点的世界航线网遍及各大洲。1990年,世界定期航班完成总周转量达2356.7亿吨千米。

基于航空运输对发展国民经济和促进国际交往的重要意义,多数国家都很重视发展航空运输事业。政府设立专门机构进行管理,如中国设立民用航空总局,美国设联邦航空局,前苏联设民用航空部等;实行多种优惠政策支持航空运输企业的发展,如政府直接投资、贷款、减免捐税、给予财政补贴等。

航空运输企业经营的形式主要有班期运输、包机运输和专机运输。通常以班期运输为主,后两种是按需要临时安排。班期运输是按班期时刻表,以固定的机型沿固定航线、按固定时间执行运输任务。当待运客货量较多时,还可组织沿班期运输航线的加班飞行。航空运输的经营质量主要从安全水平、经济效益和服务质量三方面予以评价。

(二)航空运输的特点

与其他运输方式相比,航空运输的优点表现在以下几个方面:

(1)速度快

航空运输在各种运输方式中运输速度最快,这已是众所周知的,也是航空运输的最大特点和优势,且距离越长,所能节省的时间越多,快速的优势也很显著。因而航空运输适用于中长距离的旅客运输、邮件运输和精密、贵重货、鲜活易腐物品的运输。

(2)机动性大

飞机在空中运行,受航线条件限制的程度相对较小,可跨越地理障碍将任何两地连接起来。航空运输的这一优点使其成为执行救援、急救等紧急任务中必不可少的手段。

(3) 舒适、安全

现代民航客机平稳舒适,且客舱宽敞、噪音小,机内有供膳、视听等设施,旅客乘坐的舒适程度较高。随着科技进步和管理的不断改善,航空运输的安全性比以往已大大地提高。

(4) 基本建设周期短、投资少

发展航空运输的设备条件是添置飞机和修建机场。这与修建铁路和公路相比,建设周期短、占地少、投资省、收效快。

航空运输的主要缺点:

飞机机舱容积和载重量都比较小,运载成本和运价比地面运输高。

飞机飞行往往要受气象条件限制,因而影响其正常准点性。

此外,航空运输速度快的优点在短途运输中难以显现。

二、航空运输业

(一) 航空运输体系

航空运输体系包括:飞机、机场、空中交通管理系统和飞行航线四个部分。这四个部分有机结合,分工协作,共同完成航空运输的各项业务活动。

1. 航空运输工具的分类

飞机是航空运输的主要运载工具。按运输类型的不同,民用飞机可分为运送旅客和货物的各种运输机和为工农业生产作业飞行、抢险救灾、教学训练等服务的通用航空飞机两大类。

按其最大起飞重量,民用飞机可分为大型、中性、小型飞机。

按航程远近,可分为远程、中程、短程飞机。

2. 航空辅助设施

实现航空运输的物质基础主要包括航路、航空港、飞机和通信导航设施等。航路是根据地面导航设施建立的走廊式保护空域,是飞机航线飞行的领域。其划定是以连接各个地面导航设施的直线为中心线,在航路范围内规定上限高度、下限高度和宽度。对在其范围内飞行的飞机,要实施空中交通管制。航空港是民用飞机场及有关服务设施构成的整体,是飞机安全起降的基地,也是旅客、货物、邮件的集散地。飞机是主要载运工具,机型选用根据所飞航线的具体情况和考虑整体经济技术性能而定。通信导航设施是沟通信息、引导飞机安全飞行并到达目的地安全着陆的设施。

(1) 机场

提供飞机起飞、着陆、停驻、维护、补充给养及组织飞行保障活动的场所,也是旅客和货物的起点、终点或转折点。机场是由供飞机使用的部分(包括飞机用于起飞降落的飞行区和用于地面服务的航站区)和供旅客接用货物使用的部分(包括办理手续和上下飞机的航站楼、机场的地面交通设施及各种附属设施)组成。

(2) 空中交通管理系统

为了保证航空器飞行的安全及提高空域和机场飞行区的利用效率而设置的各种助航设备和空中交通管制机构及规则。助航设备分仪表助航设备和目视助航设备。仪表助航设备是指用于航路、进近、机场的管制飞行,包括通信、导航、监视(雷达)等装置。目视助航设备是指用于引导飞机起降、滑行的装置,包括灯光、信号、标志等。

空中交通管制机构通常按区域、进近、塔台设置。空中交通管制机构及规则包括飞行层的配备、垂直间隔和水平间隔的控制等。管制方式分程序管制和雷达管制。

进近又叫进场,指飞机在机场上空由地面管制人员指挥对准跑道下降的阶段。这个阶段飞机需要按规则,绕机场飞行后直接对准跑道,飞机减速,放下襟翼和起落架。

(3) 航线、航路

飞行航线是航空运输的线路,是由空管部门设定飞机从一个机场飞抵另一个机场的通道。飞行航线分航路、固定航线、非固定航线。

航路是用于国之间、跨省市航空运输的飞行航线,规定其宽度为20千米。固定航线是用于省市之间和省内定期航班飞行,尚未建立航路的飞行航线。非固定航线是用于临时性的航空运输或通用航空运行,在航路和固定航线以外的飞行航线。

航空运输体系除了上述四个基本组成部分外,还有商务运行、机务维护、航空供应、油料供应、地面辅助及保障系统等。

(二) 航空运输管理体系

经过一个世纪的发展,民用航空运输业在国际、国内以及企业内部已经形成一整套管理体系,以保证民用航空运输业正常、安全、健康地发展。

民用航空运输业具有国际性。国际民用航空运输管理机构负责制定国际民用航空运输活动的行为规范,协助国际间民用航空运输业务关系,以保障国际航空运输的航行安全和有序发展。因此,通过国际民航管理机构的协调与管理,世界各国民航运输企业在国际民航活动中实行统一的技术标准、航行规则、操作规程,执行统一价格体系、价格标准和票据规格,遵循统一的国际法规准则,公正处理国际航空事务等。

当今世界上有许多国际性航空组织,具有较大影响的主要有两大国际民用航空运输管理机构,一个是"国际民用航空组织 ICAO(International Civil Aviation Organization)。ICAO 的作用是制定和监督执行有关航空运输飞行安全和维护国际航空运输市场秩序的标准,促进发展与和平利用航空技术,以保证飞行安全,在尊重主权的基础上公平发展。1974年9月,中国在 ICAO 的"大会"上当选为理事国。

另一个是"国际民用航空运输协会 IATA(International Aviation Transport Association)"。IATA 的主要任务是制定国际航空运输价格、运载规则和运输手续,协助航空运输企业间的财务结算,执行国际民用航空组织 ICAO 制定的国际标准和程序。

三、中国航空运输业

(一) 中国航空运输业的发展

2007年中国民航运输业继续保持高速增长,全行业全年运送旅客约 1.84 亿人次,同比增长约 15.0%,全国机场旅客吞吐量约 3.84 亿人次,同比增长约 15.6%。展望 2007—2010年,相信中国民航业将继续保持高速增长态势,民用机场业将得到同步发展。

目前许多机场所面临的基础设施瓶颈是阶段性的,从长远看机场上市公司的发展空间远未达到终极状态,具有广阔的发展前景。同时航空公司在不断推进枢纽航线网络建设,这也将给上市机场带来更多的客货流量。

航空运输业存在较强的周期性,受经济波动和突发事件等的影响大。但是即使航空运输业出现波动,民用机场业作为航空运输产业链中的基础设施,其周期性波动是比较平坦的,收益和长期增长性稳定。同时民用机场业作为国民经济中的基础设施产业,历来受到国

家和社会的重视,得到资金、政策支持和优先发展。中国民用机场行业将继续得到国家的扶持,得益于航空运输业和固定资产投资的快速增长,使投资者得到中长期收益。

(二) 我国的航空运输管理体系

我国的航空运输管理体系已发展形成了以航空公司、机场、管理局(航管部门)为主体的基本格局。中国民航总局是国务院的直属机构,是中国政府管理和协调中国民用航空运输业务的职能部门,对中国民用航空事业实施行业管理。

全国分为七大民用航空管理区,由民用航空总局下设的七个民用航空地区管理局,负责管理本地区所属航空公司机场、航站、导航台等企事业单位的行政与航空事务。

航空公司是直接进行民用航空客货邮运输的企业,是具有独立法人地位从事生产和市场销售的盈利性单位。它拥有机队、航线、销售服务网络等。

根据中国民用航空系统的管理体制,中国的航空公司可以分为三大类:骨干航空公司,民用航空总局直属航空公司和地方航空公司。骨干航空公司共有七个,分布在七个民用航空地区管理局的管辖区内,如下表,其中国航、东航和南航三大公司,拥有强大的机队和雄厚的技术力量,是我国民航运输的中坚力量。

民航地区管理局本地区的骨干航空公司:

(1) 民用航空华北管理局中国国际航空公司;
(2) 民用航空东北管理局中国北方航空公司;
(3) 民用航空华东管理局中国东方航空公司;
(4) 民用航空中南管理局中国南方航空公司;
(5) 民用航空西南管理局中国西南航空公司;
(6) 民用航空西北管理局中国西北航空公司;
(7) 民航乌鲁木齐管理局新疆航空公司。

直属航空公司是利用国家投资组建、隶属中国民用航空总局管理的直属航空公司,主要有中国通用航空公司、云南航空公司、长城航空公司和中国航空股份有限公司等企业。地方航空公司是利用地方资金组建的航空公司,其航务由民用航空地方(省、市)管理局负责管理,资金和人事等方面主要由地方政府管理。

第二节 选择航空运输方式

一、班机运输

班机是指定期开航的定航线、定始发站、定目的港、定途经站的飞机。一般航空公司都使用客货混合型飞机(Combination Carrier)。一方面搭载旅客,一方面又运送少量货物。但一些较大的航空公司在一些航线上开辟定期的货运航班使用全货机运输(All Cargo Carrier)。

班机运输特点:

(1) 班机由于固定航线、固定停靠港和定期起飞因此国际间货物流通多使用班机运输方式,以便能安全迅速地到达世界上各通航地点。

(2) 班机运输非常便利,收、发货人可确切掌握货物起运和到达的时间,这对市场上急需的商品、鲜活易腐货物以及贵重商品的运送是非常有利的。

（3）班机运输一般是客货混载，因此舱位有限，不能使大批量的货物及时出运，往往需要分期分批运输，这是班机运输不足之处。

二、包机运输

包机运输方式可分为整包机和部分包机两类。

（一）整包机

整包机是包租整架飞机，指航空公司按照与租机人事先约定的条件及费用将整架飞机租给包机人，从一个或几个航空港装运货物至目的地。

包机人一般要在货物装运前一个月与航空公司联系以便航空公司安排运载和向起降机场及有关政府部门申请、办理过境或入境的有关手续。

包机的费用一次一议，随国际市场供求情况变化。原则上包机运费是按每一飞行公里固定费率收取费用，并按每一飞行公里费用的80%收取空放费。因此，大批量货物使用包机时，均要争取往返程都有货载，这样费用比较低，只使用单程运费比较高。

（二）部分包机

由几家航空货运公司或发货人联合包租一架飞机或者由航空公司把一架飞机的舱位分别卖给几家航空货运公司装载货物，就是部分包机。运用于托运不足一架整飞机的舱位，但货量又较重的货物运输。

（三）包机运输的特点

1. 部分包机与班机的比较

包机时间比班机长，尽管部分包机有固定时间表，但起飞时间也不发严格保证。各国政府为了保护本国航空公司利益，常对从事包机业务的外国航空公司实行各种限制。例如，包机的活动范围比较狭窄，降落地点受到限制。需降落非指定地点外的其他地点时，一定要向当地政府有关部门申请同意后才能降落，如申请入境、通过领空和降落地点。

2. 包机的优点

（1）解决班机仓位不足的矛盾；

（2）货物全部由包机运出，节省时间和多次发货的手续；

（3）弥补没有直达航班的不足且不用中转；

（4）减少货损、货差或丢失的现象；

（5）在空运旺季缓解航班紧张状况；

（6）解决海鲜、活动物的运输问题。

三、集中托运

集中托运的概念将若干票单独发运的、发往同一方向的货物集中起来作为一票货填写一份总运单发运到同一到站的做法。

（一）集中托运的操作方法

（1）将每一票货物分别制定航空运输分运单，即出具货运代理的运单（HAWB：House Airway Bill）。

（2）将所有货物区分方向，按照其目的地相同的同一国家、同一城市来集中制定出航空公司的总运单（MAWB：Master Airway Bill）。总运单的发货人和收货人均为航空货运代理公司。

(3) 打出该总运单项下的货运清单,即此总运单有几个分运单,号码各是什么,其中件数、重量各多少,等等。

(4) 把该总运单和货运清单作为一整票货物交给航空公司。一个总运单可视货物具体情况随附分运单,也可以是一个分运单也可以是多个分运单。如一个 MAWB 内有 10 个 HAWB,说明此总运单内有 10 票货发给 10 个不同的收货人。

(5) 货物到达目的站机场后,当地的货运代理公司作为总运单的收货人负责接货、分拨,按不同的分运单制定各自的报关单据并代为报关,为实际收货人办理有关接货送货事宜。

(6) 实际收货人在分运单上签收以后,目的站货运代理公司以此向发货的货运代理公司反馈到货信息。

(二) 集中托运的限制

集中托运只适合办理普通货物,对于等级运价的货物,如贵重物品、危险品、活动物以及文物等,不能办理集中托运。目的地相同或临近的可以办理,如某一国家或地区,其他则不宜办理。例如不能把去日本的货发到欧洲。

(三) 集中托运的特点

(1) 节省运费,航空货运公司的集中托运运价一般都低于航空协会的运价。发货人可得到低于航空公司的运价,从而节省费用。

(2) 提供方便,将货物集中托运可使货物到达航空公司到达地点以外的地方,延伸了航空公司的服务,方便了货主。

(3) 提早结汇,发货人将货物交与航空货运代理后即可取得货物分运单,可持分运单,到银行尽早办理结汇。

集中托运方式已在世界范围内普遍开展,形成了较完善、有效的服务系统,为促进国际贸易发展和国际科技文化交流起到了良好的作用。集中托运成为我国进出口货物的主要运输方式之一。

第三节 计算运费,办理代理手续,填制航空货运单据

一、航空运费的计算

(一) 计算单位

航空公司规定,在货物体积小、重量大时,按实际重量计算;在货物体积大、重量小时,按体积计算。在集中托运时,一批货物由几件不同的货物组成,有轻泡货物也有重货。其计费重量则采用整批货物的总毛重或总的体积重量,按两者之中较高的一个计算。

货物重量按毛重计算,计算单位为公斤。重量不足 1 公斤,按 1 公斤算,超过 1 公斤的尾数四舍五入。

非宽体飞机装载的每件货物重量一般不超过 80 公斤,体积一般不超过 40 厘米×60 厘米×100 厘米。宽体飞机装载每件货物重量一般不超过 250 公斤,体积一般不超过 250 厘米×200 厘米×160 厘米。超过以上重量和体积的货物,由西北公司依据具体条件确定可否收运。

每件货物的长、宽、高之和不得少于40厘米。

每公斤的体积超过6 000立方厘米的货物按照轻泡货物计重。轻泡货物以每6 000立方厘米折合1公斤计量。

(二) 航空公司运价和费用的种类

1. 运价(Rates)

承运人为运输货物对规定的重量单位(或体积)收取的费用称为运价。运价指机场与机场间的(Airport to Airport)空中费用,不包括承运人、代理人或机场收取的其他费用。主要的航空货物运价有四类:

(1) 一般货物运价(General Cargo Rate "GCR");

(2) 特种货物运价或指定商品运价(Special Cargo Rate; Specific Commodity Rate "SCR");

(3) 货物等级运价(Class Rate "CCR");

(4) 集装箱货物运价(Unitized Consignments Rate "UCR")。

2. 运费(Transportation Charges)

根据适用运价计得的发货人或收货人应当支付的每批货物的运输费称为运费。

3. 费率

航空公司按国际航空运输协会所制定的三个区划费率收取国际航空运费。一区主要指南北美洲、格陵兰等;二区主要指欧洲、非洲、伊朗等;三区主要指亚洲、澳大利亚。

(三) 航空运费的计算方法

1. 普通货物航空运费的计算方法

普通货物根据货物重量不同,分为若干个重量等级分界点运价的计算方法:

先求出货物的体积,除6 000立方厘米折合成体积重量;体积重量与实际毛重比较,则其高者作为计费重量;航空运费等于计费重量与费率的乘积。

$$航空运费 = 计费重量 \times 航空费率$$

案例分析

Routing: BEIJING, CHINA to SINGAPORE
Commodity: PARTS
Gross Weight: 42.6KGS
Dimensions: 100 cm×58 cm×32 cm
Applicable rates are as follows:

BEIJING	CNY	KGS
SINGAPORE	SN	
	M	200.00
	N	30.50
	45	22.49

分析解答

(1) 按实际重量计算:

Volume:100 cm×58 cm×32 cm＝185 600 cm³

Volume Weight： 185 600÷6 000＝30.93KGS

Gross Weight： 42.6KGS

Chargeable Weight： 43KGS

Applicable Rate： 30.50CNY/KG

Weight charge： 43×30.50＝CNY1 311.50

(2) 采用较高重量分界点的较低运价计算:

Chargeable Weight： 45KGS

Applicable Rate： 22.49CNY/KG

Weight charge： 45×22.49＝CNY1 012.05

2. 指定(特种)商品的航空运价

在 Tact Rates Books 的 Section 2 中,根据货物的性质、属性以及特点等对货物进行分类,共分为十大组,每一组又分为十个小组。同时,用四位阿拉伯数字进行编号。该编号即为指定商品货物的品名编号。

指定商品货物的分组及品名编号如下:

0001～0999 可食用的动植物产品

1000～1999 活动物及非食用的动植物产品

2000～2999 纺织品、纤维及其制品

3000～3999 金属及其制品,不包括机器、汽车和电器设备

4000～4999 机器、汽车和电器设备

5000～5999 非金属材料及其制品

6000～6999 化工材料及其相关产品

7000～7999 纸张、芦苇、橡胶和木材制品

8000～8999 科学仪器、专业仪器、精密仪器、器械及配件

9000～9999 其他

指定商品运价的使用规则:

(1) 运输始发地至目的地之间有公布的指定商品运价;

(2) 托运人所交运的货物品名与有关指定商品运价的货物品名相吻合;

(3) 货物的计费重量满足指定商品运价使用时的最低重量要求。

案例分析

Routing： BEIJING, CHINA(BJS) to OSAKA, JAPAN(OSA)

Commodity： FRESH APPLES

Gross weight：EACH 52.6 KGS, 6 PIECES
Dimensions：100 cm×50 cm×20 cm EACH

公布运价如下：

BEIJING	CNY		BJS
Y.RENMINBI	CNY		KGS
OSAKA	JP	M	230
		N	37.51
		45	28.13
	0008	300	18.80
	0300	500	20.61
	1093	100	18.43
	2195	500	18.80

分析解答

Volume： 100 cm×50 cm×20 cm×6＝600 000 cm³
Volume Weight： 600 000/6 000＝100KGS
Gross Weight： 52.6KGS×6＝315.6KGS
Chargeable Weight： 315.6KGS

查找品名表，编号0008对应的货物称为FRUIT，VEGETABLES－FRESH，符合本例托运人交付货物要求且货物计费重量超过指定商品运价的最低重量，所以指定商品运价优先使用。

Applicable Rate： 18.80 CNY/KG
Weight charge： 316.0×18.8＝CNY5 940.80

3. 起码运费

起码运费是航空公司办理一批货物所能接受的最低运费，不论货物的重量或体积大小，在两点之间运输一批货物应收取的最低金额。不同地区有不同的起码运费。

各种不同的航空运价和费用都有下列共同点：

(1) 运价是指从一机场到另一机场，而且只适用于单一方向；
(2) 不包括其他额外费用，如提货、报关、接交和仓储费用等；
(3) 运价通常使用当地货币公布；
(4) 运价一般以公斤或磅为计算单位；
(5) 航空运单中的运价是按出具运单之日所适用的运价。

二、办理航空运输手续

(一) 航空货运代理操作流程

(1) 托运人托运货物应向承运人填交货物运输单，并根据国家主管部门规定随附必要的有效证明文件。托运人应对运输单填写内容的真实性和正确性负责。托运人填交的货物运输单经承运人接受,并由承运人填发货物运输单后,航空货物运输合同即告成立。

(2) 托运人要求包用飞机运输货物,应填交包机申请书,经承运人同意接受并签订包机运输协议书以后,航空包机货物运输合同即告成立,签订协议书的单个人,均应遵守民航主管机关有关包机运输的规定。

(3) 托运人对运输的货物,应当按照国家主管部门规定的包装标准包装。没有统一规定包装标准的,托运人应当根据保证运输安全的原则,按货物的性质和承载飞机等条件包装。凡不符合上述包装要求的,承运人有权拒绝承运不符合规格的货物。

(4) 托运人必须在托运的货物上标明发站、到站和托运人、收货人的单位。姓名和地址,按照国家规定标明包装储运指标标志。

(5) 国家规定必须保险的货物,托运人应在托运时投保货物运输险。

(6) 托运人托运货物,应按照民航主管机关规定的费率缴付运费和其他费用。除托运人和承运人另有协议外,运费及其他费用一律于承运入开具货物运单时一次付清。

(7) 承运人应于货物运达到货地点后 24 小时内向收货人发出到货通知、收货人应及时凭提货证明到指定地点提取货物,货物从发出到货通知的次日起,免费保管 3 个月。收货人逾期提取,应按运输规则缴付保管费。

(8) 收货人在提取货物时,对货物半途而废或重量无异议,并在货物运输单上签收,承运人即解除运输责任。

(9) 因承运入的过失或故意造成托运人或收货人损失,托运人或收货人要求赔偿,应在填写货物运输事故记录的次日起 180 日内,以书面形式向承运人提出,并附有关证明文件。

(二) 航空运输进出口手续

进口手续:

(1) 进出口公司将合同副本或订单一份寄交当地中国对外贸易运输分公司。

(2) 货物到达后,中国民航通知中国对外贸易运输分公司从民航机场或营业处取回运单。

(3) 中国对外贸易运输分公司根据进出口公司提供的合同资料或订货单,与运单实货进行核对,对合同号、唛头、标记、品名、数量、收货人或通知人等核对无误后,缮制进口货物申报单进行报关。

(4) 中国对外贸易运输分公司在机场或营业处取货物时,发现货物短少破损等情况,应向民航取得商务事故记录,交收货人与民航交涉索赔,也可接受委托,办理索赔。如包装完好,内部货物有质量或数量问题,收货人直接向商品检验局申请商检,并向订货公司联系对外索赔。

出口手续:

(1) 进出口公司将出口合同副本一份或空运出口货物委托书一份,寄送有关中国对外贸易运输公司,由运输公司办理提货报关托运等工作。

(2) 货物备妥后,进出口公司向中国对外贸易运输公司提出有关出口单证。运输公司安排从仓库至民航营业处或机场的市内运输。

(3) 进出口公司凭中国对外贸易运输总公司的分运单或民航的运单办理结汇。

(4) 货物在运输途中发生短少破损等事故,属于航空公司责任的,由民航直接向进出口公司赔偿,属于航空货运代理公司责任的,由中国对外贸易运输公司负责联系赔偿。

三、填制航空运单

航空运单(Airway Bill,简称 AWB)是承托运双方缔结的运输合同,也是货物收据,但它不具有物权凭证的性质,不能转让也不凭以提货,收货人提货凭航空公司发出的通知单。

（一）航空运单的样式

航空运单正本一式三份,分三种不同颜色：蓝色的交托运人,绿色的承运人留存,粉红色的随货同行,在目的地交收货人。副本至少六份,有需要还可增加份数,分别发给代理人、目的港、第一二三承运人和用作提货收据。副本除提货收据为黄色外,其余均为白色。

（二）航空运输单证流转程序

(1) 货物称重；

(2) 调航空随机运单；

(3) 预录报关单；

(4) 清关预入；

(5) 商检；

(6) 安、卫检；

(7) 报关；

(8) 出税费单；

(9) 入库；

(10) 交关税；

(11) 装机,验货；

(12) 核销退税；

(13) 回关放行；

(14) 交仓储、卫检等杂费；

(15) 提货；

(16) 送货；

(17) 付款；

(18) 七日后回海关贴关单防伪签。

（三）航空运输需提交的文件

(1) 运输委托书；

(2) 报关委托书；

(3) 形式发票；

(4) 箱单；

(5) 运单；

(6) 核销单；

(7) 收货方介绍信；

(8) 报关单。

关键问题：

(1) 此类货物中部分商品另需其他报关单据。如：商检证明、配额、许可证、产地证等。

(2) 货物木制包装需有熏蒸证明,进口机电产品需有机电产品审批证明。

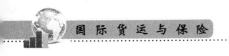

第四节 办理国际航空运输保险

一、航空运输风险及责任

《华沙公约》明确规定了承运人应承担责任的三种责任形态：旅客人身伤亡，行李、货物灭失、损坏、延误。

因发生在民用航空器上或者在旅客上、下民用航空器过程中的事件，造成旅客人身伤亡的，承运人应当承担责任；但是，旅客的人身伤亡完全是由于旅客本人的健康状况造成的，承运人不承担责任。对旅客托运的行李、随身携带物品或货物在航空运输期间毁灭、遗失或损坏的，承运人应当承担责任。承运人应当对因延误造成的损失承担责任，"如有正当理由"，不构成延误责任，举证责任由承运人承担。

旅客人身伤亡、行李或者货物的毁灭、遗失、损坏和承运人对旅客、行李或者货物延误造成的损失，既是承运人违反航空运输合同的行为，也是承运人侵犯旅客人身权、财产权的行为，存在责任竞合。对侵权责任和违约责任的竞合，无论何人就航空运输中发生的损失提起诉讼，也无论其根据航空运输合同提起诉讼，还是根据侵权行为法提起诉讼，还是根据民航法或者有关的国际公约提起诉讼，均只能依照民航法规定的条件和赔偿责任限额提起诉讼。航空运输的诉讼时效期为2年，自民用航空器到达目的地点、应当到达目的地点或者运输终止之日起算。

二、航空运输保险

国际航空货物运输保险是指对国际航空运输中的货物所进行的保险。这种保险必须经保险人与被保险人签订书面合同才能生效。在合同履行工程中，保险人承担范围内的风险，被保险人负责支付保险费。

（一）国际航空货物运输保险的险别

在国际货物运输保险实务中，国际航空货物运输保险的险别，一般分为航空运输险和航空运输一切险两种。

1. 航空运输险

在承保航空运输险（Air Transportation Risks）的情况下，保险人应该对被保险货物在运输途中因遭受雷电、火灾、爆炸或由于飞机遇难被抛弃，以及飞机发生碰撞、倾覆、坠落、失踪等意外事故所造成的全部或部分损失承担补偿责任。

2. 航空运输一切险

在承保航空运输一切险（Air Transportation All Risks）的情况下，保险人除了应该承担航空运输险中所包含的有关责任以外，还应该对被保险货物在运输途中因外来原因，如偷窃、短少、破碎、渗漏等造成的全部或部分损失承担补偿责任。

（二）航空运输货物保险主要内容

目前，在国际上较有影响的是1982年《伦敦保险协会航空运输货物保险条款》。《伦敦保险协会航空运输货物保险条款》的主要内容：

1. 保险责任

航空货物运输保险通常采用一切险承保责任，保险公司负责承担包括航空运输险的全部责任,还负责被保险货物由于未来原因所致的全部或部分损失。航空货物运输一切险的责任范围与海运保险及陆运保险的一切险雷同。

2. 除外责任

该条款规定因战争、罢工和下列原因所致的灭失、损毁或费用均不负责:

(1) 可归属于被保险人的故意或违法行为的灭失、损毁或费用;

(2) 保险目标物的漏损、失重或自然消耗;

(3) 由于保险目标物的不良或不良包装或搭配引起的灭失;

(4) 因运载工具对保险目标物的不安全运送原因所引起的灭失、损毁或费用。但仅限于被保险人或其受雇人,对于保险目标物运载工具已不适合,并且已知情者;

(5) 保险目标物的固有瑕疵或本质缺陷所引起的灭失、毁损或费用;

(6) 因延迟为近因所致的灭失、毁损或费用;

(7) 由于运输飞机的所有人、经理人、租用人或营运人的破产或债务所引起了灭失、毁损或费用;

(8) 任何使用原子、核子武器或其他类似武器引起的保险目标物的灭失、毁损或费用。

3. 保险期限

保险协会条款规定:自保险目标物离开本保险单所载起运地点的仓库或储存处所时开始生效,并在正常的运输过程中继续有效直到运至下列情形之一时终止:

(1) 至本保险单所载目的地,或途中的任何其他仓库或储存处所;

(2) 至本保险单所载目的地,或途中的任何其他仓库或储存处所而为被保险人用作通常运输过程以外的储存以及分配或分送;

(3) 至本保险目标物在最终卸除地,自飞机卸除后起届满 30 天。

4. 赔偿责任

该条款规定航空货物运输保险人的赔偿责任为两种:一种是对每一飞机的最高责任额限额,另一种是每一次空灾事故的总责任额限额。前者是以保障运输货物价值为标准,后者是以保障重点站的集中损失为主,两者都以在损失时目的地货物的实际现金价值为限。

三、办理投保

在明确投保货物的投保金额,并根据货运价格、货物性质、包装特点、航线等确定投保险别后,向保险公司提供投保货物的有关单证以及检验证明,办理货物运输险的投保手续,请注意以下几点:

(1) 填写投保单。投保单是企业向保险公司申请订立保险合同的文字依据,也是保险公司签发保险单接受投保的重要依据。投保人应翔实、清楚地填写投保单的各项。

(2) 被保险人栏目要按保险利益的实际有关人称谓的全称填写。因为保险是否有效,同被保险人保险利益直接有关。买方为被保险人则保险责任从货物装上船才开始;反之,卖方为被保险人则保险自保单载明起运地运出时开始。

(3) 货物名称应填写具体名称,一般不要笼统填写。标记,应与提单上所载的标记一致,特别要同刷在货物外包装上的实际标记符号相同。包装数量,要将包装的性质,如箱、包、件、捆等单位及数量都写清楚。

(4) 保险金额,一般按照发票金额 10% 加成计算,加成比例不得超过 30%。国内水路、陆路货物运输可按发票金额或发票金额加运费投保。

(5) 运输工具,航空运输,仅写空运(或航班号)即可。

(6) 开航日期,有确切日期,要填写具体日期,无确切日期则填上约于×月×日。

(7) 提单或运单号码,航程或路程应按实际填写。

(8) 承保险别,将需要投保的险别填写清楚,如有附加险别或与保险人有其他特别约定的也要在此栏注明。

(9) 货运险投保日期,应在船舶开航或运输工具开航之前。

在填写货运险投保单时还应注意,投保的险别、币值与其他条件必须与销售合同、信用证上所列保险条件一致;投保后发现投保项目有错漏,要及时向保险人申请批改,否则在发生损失后发现与货运险投保单所填情况不符,将影响保险人及时、准确的理赔。对于特殊的货物,投保人要根据保险人的要求,提供货物的有关单证(如发票、提单复印件)以及必需的检验证书。

在购买空运保险时,应按照上述投保流程进行投保,以促进空运投保顺利实现。

实训操作

1. 绘制航空货运运输货物流转流程图。
2. 绘制航空货运运输单证流转流程图。

任务七 陆上运输

 导入案例

办理了海运和空运业务之后,李林发现靠单一的运输方式并不能满足现代频繁贸易活动的需求,必须发展多种运输代理业务才能更好地为客户提供服务。目前国内运输主要以陆上运输为主,而跨越国境后,很多国家的运输也并未彻底完成,也需要继续以陆上运输将商品送抵目的地,因此开展陆上运输代理业务势在必行。那么陆上运输业务只单纯是境内运输吗?其办理方式和手续与其他业务有什么相同和不同呢?我国目前的陆上国际运输业务有哪些呢?

 **任务要求**

制订陆上运输工作方案

 任务流程

1. 选择运输方式
2. 确定运输路线,选择货运公司
3. 计算运费
4. 签订货运代理协议
5. 准备和填制出口货运单据
6. 交接货物及单据
7. 办理保险
8. 费用结算

知识要点

1. 国际陆上货物运输方式
2. 确定运输流程
3. 明确运输单据
4. 核算运输费用
5. 签订保险合同

技能要求

1. 能够根据具体产品及业务要求,选择适当的运输方式
2. 能够制定合理的运输路线,选择最佳的货运公司
3. 能够掌握填制运输单据的方法
4. 能够准确地计算出运输环节的各种费用
5. 了解陆上运输风险,能够针对订单需求选择适合的保险

第一节 熟悉国际公路运输及营运方式

公路运输(Road Transportation)是现代运输主要方式之一,同时,也是构成陆上运输的两个基本运输方式之一。它在整个运输领域中占有重要的地位,并发挥着愈来愈重要的作用。

目前,全世界机动车总数已达4亿多辆,全世界现代交通网中,公路线长占2/3,约达2 000万公里,公路运输所完成的货运量占整个货运量的80%左右,货物周转量占10%。在一些工业发达国家,公路运输的货运量、周转量在各种运输方式中都名列前茅,公路运输已成为一个不可缺少的重要组成部分。

据《中国交通年鉴》统计结果表明,2010年我国道路运输完成货运量244.81亿吨,货物周转量43 389.7亿吨公里。其中公路货运量在五种运输方式中为第一位。到2010年底,全国有营业性客货运输车辆1 133.32万辆。

一、公路运输的特点和作用

公路运输是一种机动灵活、简捷方便的运输方式,在短途货物集散运转上,它比铁路、航空运输具有更大的优越性,尤其在实现"门到门"的运输中,其重要性更为显著。尽管其他各种运输方式各有特点和优势,但或多或少都要依赖公路运输来完成最终两端的运输任务。例如铁路车站、水运港口码头和航空机场的货物集疏运输都离不开公路运输。

但公路运输也具有一定的局限性,如:载重量小,不适宜装载重件、大件货物,不适宜走长途运输,车辆运行中震动较大,易造成货损货差事故,同时,运输成本费用较水运和铁路为高。

二、公路运输的经营方式

在市场经济条件下,公路运输的组织形式一般有以下几种类别。

1. 公共运输业(Common Carrier)

这种企业专业经营汽车货物运输业务并以整个社会为服务对象,其经营方式有:

(1) 定期定线

不论货载多少,在固定路线上按时间表行驶。

(2) 定线不定期

在固定路线上视货载情况,派车行驶。

(3) 定区不定期

在固定的区域内根据货载需要,派车行驶。

2. 契约运输业(Contract Carrier)

按照承托双方签订的运输契约运送货物。与之签订契约的一般都是一些大的工矿企业,常年运量较大而又较稳定。契约期限一般都比较长,短的有半年、一年,长的可达数年。按契约规定,托运人保证提供一定的货运量,承运人保证提供所需的运力。

3. 自用运输业(Private Operator)

工厂、企业、机关自置汽车,专为运送自己的物资和产品,一般不对外营业。

4. 汽车货运代理(Freight Forwarder)

本身既不掌握货源也不掌握运输工具。他们以中间人身份一面向货主揽货,一面向运输公司托运,借此收取手续费用和佣金。有的汽车货运代理专门从事向货主揽取零星货载,加以归纳集中成为整车货物,然后自己以托运人名义向运输公司托运,赚取零担和整车货物运费之间的差额。

三、公路运费

公路运费均以"吨/里"为计算单位,一般有两种计算标准,一是按货物等级规定基本运费费率,一是以路面等级规定基本运价。凡是一条运输路线包含两种或两种以上的等级公路时,则以实际行驶里程分别计算运价。特殊道路,如山岭、河床、原野地段,则由承托双方另议商定。

公路运费费率分为整车(FCL)和零担(LCL)两种,后者一般比前者高30%～50%,按我国公路运输部门规定,一次托运货物在二吨半以上的为整车运输,适用整车费率;不满两吨半的为零担运输,适用零担费率。凡一公斤重的货物,体积超过四立方分米的为轻泡货物(或尺码货物 Measurement Cargo)。整车轻泡货物的运费按装载车辆核定吨位计算,零担轻泡货物,按其长、宽、高计算体积、每四立方分米折合一公斤,以公斤为计费单位。此外,尚有包车费率(Lump Sum Rate),即按车辆使用时间(小时或天)计算。

四、责任范围

(一) 承运人责任

公路运输承运人的责任期限是从接受货物时起至交付货物时止。在此期限内,承运人对货物的灭失损坏负赔偿责任。但不是由于承运人的责任所造成的货物灭失损坏,承运人不予负责。根据我国公路运输规定,由于下列原因而造成的货物灭失损坏,承运人不负责赔偿:

(1) 由于人力不可抗拒的自然灾害或货物本身性质的变化以及货物在运送途中的自然消耗。

(2) 包装完好无损,而内部短损变质者。

(3) 违反国家法令或规定,被有关部门查扣、弃置或作其他处理者。

(4) 收货人逾期提取或拒不提取货物而造成霉烂变质者。

(5) 有随车押运人员负责途中保管照料者。

对货物赔偿价格,按实际损失价值赔偿。如货物部分损坏,按损坏货物所减低的金额或按修理费用赔偿。

要求赔偿有效期限,从货物开票之日起,不得超过六个月。从提出赔偿要求之日起,责任方应在两个月内作出处理。

(二) 托运人责任

公路运输托运人应负的责任基本与铁路、海上运输相同,主要包括:按时提供规定数量的货载,提供准确的货物详细说明,货物唛头标志清楚、包装完整、适于运输,按规定支付运费。一般均规定有:如因托运人的责任所造成的车辆滞留、空载,托运人须负延滞费和空载费等损失。

五、国际公路货物运输公约和协定

为了统一公路运输所使用的单证和承运人的责任,联合国所属欧洲经济委员会负责草拟了《国际公路货物运输合同公约》,简称 CMR,并在 1956 年 5 月 19 日在日内瓦欧洲 17 个国家参加的会议上一致通过。该《公约》共有十二章五十一条,就适用范围、承运人责任、合同的签订与履行、索赔和诉讼以及连续承运人履行合同等等都做了较为详细的规定。

此外,为了有利于开展集装箱联合运输,使集装箱能原封不动地通过经由国,联合国所属欧洲经济委员会成员国之间于 1956 年缔结了关于集装箱的关税协定。参加该协定的签字国,有欧洲 21 个国家和欧洲以外的 7 个国家。协定的宗旨是相互间允许集装箱免税过境,在这个协定的基础上,根据欧洲经济委员会倡议,还缔结了《国际公路车辆运输规定》(Transport International Routier 简称 TIR),根据规则规定,对集装箱的公路运输承运人,如持有 TIR 手册,允许由发运地到达目的地,在海关签封下,中途可不受检查、不支付关税、也可不提供押金。这种 TIR 手册是由有关国家政府批准的运输团体发行,这些团体大都是参加国际公路联合会的成员,它们必须保证监督其所属运输企业遵守海关法规和其他规则。协定的正式名称是"根据 TIR 手册进行国际货物运输的有关关税协定。"(Customs Convention on the International Transport of Goods under Cover of TIR Carnets)。该协定有欧洲 23 个国家参加,并已从 1960 年开始实施。尽管上述《公约》和协定有地区性限制,但它们仍不失为当前国家公路运输的重要国际公约和协定,并对今后国际公路运输的发展具有一定影响。

第二节 熟悉国际铁路运输的主要运输路线及主要口岸

国际铁路货物运输:是指起运地点、目的地点或约定经停地点位于不同的国家或地区的铁路货物运输。在我国,只要铁路货物运输的起运地点、目的地点或约定的经停地点不在我国境内均构成国际铁路货物运输。

一、铁路运输

（一）铁路运输的作用

铁路运输所承担的进出口货物运输工作主要体现在如下三个方面：

（1）通过国际铁路货物联运方式承运由中国到近东和欧洲各国的进出口货物。

（2）承运我国内地与港澳地区之间的贸易物资和通过香港转运的进出口货物。

（3）内陆与口岸间的铁路集疏运。

（二）铁路运输的主要优点

铁路运输具有安全程度高、运输速度快、运输距离长、运输能力大、运输成本低等优点，且具有污染小、潜能大、不受天气条件影响的优势，是公路、水运、航空、管道运输所无法比拟的。

（三）铁路货物运输种类

铁路货物运输种类即铁路货物运输方式，按我国铁路技术条件，现行的铁路货物运输种类分为整车、零担、集装箱三种。整车适于运输大宗货物，零担适于运输小批量的零星货物，集装箱适于运输精密、贵重、易损的货物。

（四）铁路货物运输的基本条件

（1）整车货物运输的基本条件是：一批货物的重量、体积、状态需要以一辆以上货车运送的货物，应按整车办理。

（2）零担货物运输的基本条件是：按货物的重量、体积、状态，不需要以一辆单独货车运送，而且允许和其他货物配装的货物，可以按零担办理。

（3）集装箱货物运输的基本条件是：凡能装入集装箱，并且不对集装箱造成损坏和污染的货物以及可按集装箱运输的危险货物均可按集装箱办理。

（五）什么是铁路货物保价运输

保价就是货物的保证价值，即声明价格，保价运输是铁路货物运输合同的组成部分，是铁路实行限额赔偿后，保证托运人、承运人双方利益对等，在法律上赋予托运人的一种权利。托运人在托运货物时，根据自愿的原则可以要求办理保价运输，交纳规定的保价费。承运人对保价货物在运输过程中实行专门管理和采取一定的保护措施，在运输过程中因承运人责任造成货物损失时，要按保价运输的有关规定予以赔偿。

（六）计算铁路运价

铁路货物运价是由铁道部拟定，报国务院批准的。计算铁路运费的程序是：（1）算出发站至到站的运输里程。（2）正确查出所运输货物的运价号。（3）货物适用的发到基价加上运行基价与货物的运价里程相乘之积，与货物的计费重量相乘，得出的就是铁路货物运费。

$$铁路货物运费 = 发到基价 + 运行基价 \times 运价公里 \times 货物计费重量$$

铁路货物运费的发到、运行基价，计费重量，铁路车站均予以张贴公布。

二、国际铁路运输的主要路线及口岸

凡办理由一国铁路向另一国铁路移交或接收货物和机车车辆作业的车站,成为国境站。国境站是国家对外开放的口岸,是铁路办理对外运输工作的重要场所。

(一)国际铁路货运线的分布

(1) 西伯利亚铁路

(2) 欧洲铁路网

(3) 北美横贯东西铁路线

(4) 西亚—欧洲铁路线

(二)我国通往邻国及地区的铁路线

(1) 滨洲线——自哈尔滨起向西北至满洲里,全长935公里。

(2) 滨绥线——自哈尔滨起,向东经绥芬河与独联体远东地区铁路相连接,全长548公里。

(3) 集二线——从京包线的集宁站,向西北到二连,全长364公里。

(4) 沈丹线——从沈阳到丹东,越过鸭绿江与朝鲜铁路相连,全长274公里。

(5) 长图线——西起吉林长春,东至图们,横过图们江与朝鲜铁路相连接,全长527公里。

(6) 梅集线——自梅河口至集安,全长245公里,越过鸭绿江直通朝鲜满浦车站。

(7) 湘桂线——从湖南衡阳起,经广西柳州、南宁到达终点站凭祥,全长1 013公里。

(8) 昆河线——从云南昆明经碧色寨到河口,全长177公里。

(9) 北疆线——从新建乌鲁木齐向西到达终点站阿拉山口。

(三)我国对外贸易公路运输及口岸的分布

(1) 对独联体公路运输口岸

新疆:吐尔戈特,霍尔果斯,巴克图,吉木乃,艾买力,塔克什肯。

东北地区:长岭子(晖春)/卡拉斯基诺;东宁(岔口)/波尔塔夫卡;

绥芬河/波格拉尼契内;室韦(吉拉林)/奥洛契;

黑山头/旧楚鲁海图;满洲里/后贝加尔斯克;漠河/加林达。

(2) 对朝鲜公路运输口岸

中朝之间原先仅我国丹东与朝鲜新义州间偶有少量公路出口货物运输。1987年以来,吉林省开办晖春,图们江与朝鲜咸镜北道的地方贸易货物的公路运输。外运总公司与朝鲜已于1987年签订了由我吉林省的三合、沙坨子口岸经朝鲜的清津港转运货物的协议。

(3) 对巴基斯坦公路运输口岸

新疆的红其拉甫和喀什市。

(4) 对印度、尼泊尔、不丹的公路运输口岸

主要有西藏南部的亚东、帕里、樟木等。

(5) 对越南地方贸易的主要公路口岸

主要有云南省红河哈尼族、彝族自治区的河口和金水河口岸等。

(6) 对缅甸公路运输口岸

云南省德宏傣族景颇自治区的畹町口岸是我国对缅甸贸易的主要出口陆运口岸,还可通过该口岸经缅甸公路转运部分中国与印度的进出口贸易货物。

(7) 对香港、澳门的公路运输口岸

位于广东省深圳市的文锦渡和香港新界相接,距深圳铁路车站3公里,是全国公路口岸距离铁路进出口通道最近的一个较大公路通道。通往香港的另两个口岸是位于深圳市东部的沙头角及皇岗。对澳门的公路运输口岸是位于珠海市南端的拱北。

第三节 办理代理手续,填写国际货协运单

一、公路运输

(一) 公路运输流程

1. 发运手续

(1) 组配:根据运输计划和铁路货运的规定,按照货物的品种、性质、重量、体积来组装装配。

(2) 制单:清楚、准确地填写有关商品运输的各种凭证。

(3) 托运:按照规定日期向承运站提交货运单,将商品运至发货站,与货运员办理清点、检验、交接手续。

(4) 送单:托运人员及时将领货凭证、付费收据、运输交接单、商品购销凭证等有关单据提交收货单位。

(5) 预报:商品发运后,发货方应立即向收货方核算和收取代垫运杂费以及其他费用,并向收货方预报商品的到达时间。

2. 中转手续

(1) 接受中转商品:中转点接到中转商品时,应立即按货单核对验收,如有不符,要查明原由,更正后再进行转运,不能错来错转。

(2) 发运中转商品:应尽量缩短停留时间,按商品到达的先后顺序进行发运,做到一批货一批清。发运时要注意单货同行或单据先行。

(3) 密切与收、发货单位联系。

3. 接收手续

做好收货准备工作联系业务部门安排车、船衔接工作。联系仓库准备入库,安排和组织好短途运力和搬运装卸力量。

办理接收手续。在接收交通运输部门交付的商品时,应按运单逐件清点验收。如发现商品外包装异常、商品残缺、散少、批次混乱等,应及时会同承运部门编制货运记录,并查清原因,以明确发运单位、承运单位、接收单位三者之间的责任,以便及时处置。

(二) 公路运输相关单证

公路运输单证主要是托运单。一般情况下,办理货物托运手续都要求双方填写"运单"。目前行业通行的做法是由承运人负责提供格式化的"运单"。在许多情况下,尤其是一些临时性、短期的客户,是没有运输合同的,"运单"往往就是合同。

××物流有限公司货物托运单

托运日期：　　年　月　日　　起运点：　　　　到达站：　　　　No 000001

收货单位						联系人			
详细地址						电话/手机			
货物名称	件数	包装	重量	体积	保险金额	保险费	运费	合计	
总运费金额	万　　　　仟　　　　佰　　　　拾　　　　元整　　　¥：								
付款方式	预付：　　　到付：　　　回结：　　　送货方式　送货（　）自提（　）								
备注									
运输协议	1. 请托运方认真阅读以下运输协议,在您签字后说明您已无异议。 2. 托运人应如实申报货物名称和重量,不得夹带易燃、易爆、剧毒等违禁物品。否则所引起的一切后果由托运方全部负责。 3. 承运方不开箱验货,交接货物时以外包装完好为准,在外包装完好的情况下内包装缺损和丢失与承运方无关。 4. 收货人收货时应对货物认真清点验收,如发现货物丢失、损坏(不可抗力除外)应当场要求索赔,收货人在收到货物签收后,货损、丢失承运方概不负责。 5. 托运人或收货人不按时支付运杂费,承运方有权拒运或留置其货物。若一个月后仍不提货,按无主货物处理。 6. 托运人需变更到货地点或收货人,应在货物未运达目的地之前书面通知承运方,并承担由此增加的费用。 7. 托运人对所托运货物必须参加保险,如不参加保险,承运方在运输中若发生重大货损,其最高赔偿额按照运费的3倍理赔。								
托运单位 联系电话 托运方签章						承运人签章			

欢迎访问本公司网站　　　　业务电话：　　　　　　货物查询：

　　一张运单托运的货物必须是同一托运人,对拼装分卸的货物应将每一拼装或分卸情况在运单记事栏内注明。

　　易腐、易碎、易溢漏的液体,危险货物与普通货物,以及性质相抵触、运输条件不同的货物,不得用一张运单托运。

　　一张运单托运的件货,凡不是具备同品名、同规格、同包装的,以及搬家货物,应提交物品清单。托运集装箱时应注明箱号和铅封印文号码,接运港、站的集装箱,还应注明船名、航次或车站货箱位,并提交装箱清单。

　　轻泡货物按体积折算重量的货物,要准确填写货物的数量、体积、折算标准、折算重量及其有关数据。

　　托运人要求自理装卸车的,经承运人确认后,在运单内注明。托运人委托承运人向收货人代递有关证明文件、化验报告或单据等,须在托运人记事栏内注明名称和份数。托运人对所填写的内容及所提供的有关证明文件的真实性负责,并签字盖章;托运人或承运人改动运单时,亦须签字盖章说明。

　　托运货物时应注意：

　　在普通货物中不得夹带危险、易腐、易溢漏货物和贵重物品、货币、有价证券、重要票据；

托运超限货物,托运方应提供该货物的说明书;鲜活物品,托运方须向车站说明最长的允许运输期限;托运政府法令禁运、限定以及需要办理卫生检疫、公安监理等手续的货物,应随附有关证明。

二、铁路运输

（一）运输基本流程

通过铁路运输货物办理托运:

托运人通过铁路运输货物,应在铁路货运营业站办理托运,与铁路运输部门签订货物运输合同,按季度、半年度、年度或更长期限的整车大宗货物运输合同还需提出整车货物运输订单,其他整车货物以整车货物运输订单作为运输合同,交运货物时还须提交货物运单;零担和集装箱货物以货物运单作为运输合同,货物运输订单、货物运单由铁路车站提供。

收货人在到站领取货物时,须提出领货凭证,并在货票丁联上盖章或签字,如领货凭证未到或丢失时,机关、团体、企业应提出本单位的证明文件,各人应提出本人居民身份证、工作证(或户口簿)或服务所在单位(或居住所在单位)出具的证明文件,办理领取货物手续。

铁路运输的货物性质各不相同,在运输过程中需要采取不同的运输和保护措施,以保证货物的质量安全,因此下列货物不能按"一批"办理托运。

（1）易腐货物和非易腐货物;

（2）危险货物和非危险货物;

（3）根据货物性质不同不能混装的货物;

（4）按保价运输的货物和非保价运输的货物;

（5）投保运输险与未投保运输险的货物;

（6）运输条件不同的货物。

（二）铁路运输合同

货运运输合同

托运方:＿＿＿＿＿＿＿＿＿＿＿＿＿＿＿＿＿＿＿＿＿＿＿＿＿＿＿＿＿＿＿＿＿＿＿

　地址:＿＿＿＿＿＿＿　邮码:＿＿＿＿＿＿＿　电话:＿＿＿＿＿＿＿

　法定代表人:＿＿＿＿＿＿＿　职务:＿＿＿＿＿＿＿

承运方:＿＿＿＿＿＿＿＿＿＿＿＿＿＿＿＿＿＿＿＿＿＿＿＿＿＿＿＿＿＿＿＿＿＿＿

　地址:＿＿＿＿＿＿＿　邮码:＿＿＿＿＿＿＿　电话:＿＿＿＿＿＿＿

　法定代表人:＿＿＿＿＿＿＿　职务:＿＿＿＿＿＿＿

根据国家有关运输规定,经过双方充分协商,特订立本合同,以便双方共同遵守。

第一条　货物名称、规格、数量、价款

第二条　包装要求

托运方必须按照国家主管机关规定的标准包装;没有统一规定包装标准的,应根据保证货物运输安全的原则进行包装,否则承运方有权拒绝承运。

第三条　货物起运地点

　　　　货物到达地点

第四条　货物承运日期
　　　　 货物运到期限

第五条　运输质量及安全要求

第六条　货物装卸责任和方法

第七条　收货人领取货物及验收办法

第八条　运输费用、结算方式

第九条　各方的权利义务

一、托运方的权利义务

1. 托运方的权利：要求承运方按照合同规定的时间、地点、把货物运输到目的地。货物托运后，托运方需要变更到货地点或收货人，或者取消托运时，有权向承运方提出变更合同的内容或解除合同的要求。但必须在货物未运到目的地之前通知承运方，并应按有关规定付给承运方所需费用。

2. 托运方的义务：按约定向承运方交付运杂费。否则，承运方有权停止运输，并要求对方支付违约金。托运方对托运的货物，应按照规定的标准进行包装，遵守有关危险品运输的规定，按照合同中规定的时间和数量交付托运货物。

二、承运方的权利义务

1. 承运方的权利：向托运方、收货方收取运杂费用。如果收货方不交或不按时交纳规定的各种运杂费用，承运方对其货物有扣压权。查不到收货人或收货人拒绝提取货物，承运方应及时与托运方联系，在规定期限内负责保管并有权收取保管费用，对于超过规定期限仍无法交付的货物，承运方有权按有关规定予以处理。

2. 承运方的义务：在合同规定的期限内，将货物运到指定的地点，按时向收货人发出货物到达的通知。对托运的货物要负责安全，保证货物无短缺、无损坏、无人为的变质，如有上述问题，应承担赔偿义务。在货物到达以后，按规定的期限，负责保管。

三、收货人的权利义务

1. 收货人的权利：在货物运到指定地点后有以凭证领取货物的权利。必要时，收货人有权向到站，或中途货物所在站提出变更到站或变更收货人的要求，签订变更协议。

2. 收货人的义务：在接到提货通知后，按时提取货物，缴清应付费用。超过规定提货时，应向承运人交付保管费。

第十条　违约责任

一、托运方责任

1. 未按合同规定的时间和要求提供托运的货物，托运方应按其价值的_____％偿付给承运方违约金。

2. 由于在普通货物中夹带、匿报危险货物，错报笨重货物重量等招致吊具断裂、货物摔损、吊机倾翻、爆炸、腐蚀等事故，托运方应承担赔偿责任。

3. 由于货物包装缺陷产生破损，致使其他货物或运输工具、机械设备被污染腐蚀、损坏，造成人身伤亡的，托运方应承担赔偿责任。

4. 在托运方专用线或在港站公用线、专用线自装的货物，在到站卸货时，发现货物损坏、缺少，在车辆施封完好或无异状的情况下，托运方应赔偿收货人的损失。

5. 罐车发运货物,因未随车附带规格质量证明或化验报告,造成收货方无法卸货时,托运方应偿付承运方卸车等存费及违约金。

二、承运方责任

1. 不按合同规定的时间和要求配车、发运的,承运方应偿付甲方违约金_____元。

2. 承运方如将货物错运到货地点或接货人,应无偿运至合同规定的到货地点或接货人。如果货物逾期达到、承运方应偿付逾期交货的违约金。

3. 运输过程中货物灭失、短少、变质、污染、损坏,承运方应按货物的实际损失(包括包装费、运杂费)赔偿托运方。

4. 联运的货物发生灭失、短少、变质、污染、损坏,应由承运方承担赔偿责任的,由终点阶段的承运方向负有责任的其他承运方追偿。

5. 在符合法律和合同规定条件下的运输,由于下列原因造成货物灭失、短少、变质、污染、损坏的,承运方不承担违约责任:

① 不可抗力;
② 货物本身的自然属性;
③ 货物的合理损耗;
④ 托运方或收货方本身的过错。

本合同正本一式二份,合同双方各执一份;合同副本一式____份,送____等单位各留一份。

托运方:_____
代表人:_____
　　　　　　　　　　　　　　　　_____年_____月_____日

承运方:_____
代表人:_____
　　　　　　　　　　　　　　　　_____年_____月_____日

第四节　办理陆上运输相关保险业务

一、陆上运输保险

陆上运输保险,主要是针对国内运输货物制定的条款。

(一)陆上运输保险的责任范围

本保险分为陆运险和陆运一切险二种。被保险货物遭受损失时,本保险按保险单上订明承保险别的条款规定负赔偿责任。

1. 陆运险

(1) 被保险货物在运输途中遭受暴风、雷电、洪水、地震自然灾害或由于运输工具遭受碰撞、倾覆、出轨或在驳运过程中因驳运工具遭受搁浅、触礁、沉没、碰撞;或由于遭受隧道坍塌、崖崩或失火、爆炸意外事故所造成的全部或部分损失。

(2) 被保险人对遭受承保责任内危险的货物采取抢救,防止或减少货损的措施而支付的合理费用,但以不超过该批被救货物的保险金额为限。

2. 陆运一切险

除包括上列陆运险的责任外,本保险还负责被保险货物在运输途中由于外来原因所致的全部或部分损失。

(二) 陆上运输保险的除外责任

(1) 被保险人的故意行为或过失所造成的损失。

(2) 属于发货人责任所引起的损失。

(3) 在保险责任开始前,被保险货物已存在的品质不良或数量短差所造成的损失。

(4) 被保险货物的自然损耗、本质缺陷、特性以及市场跌落、运输延迟所引起的损失或费用。

(5) 本公司陆上运输货物战争险条款和货物运输罢工险条款规定的责任范围和除外责任。

(三) 陆上运输保险的责任起讫

本保险负"仓至仓"责任,自被保险货物运离保险单所载明的起运地仓库或储存处所开始运输时生效,包括正常运输过程中的陆上和与其有关的水上驳运在内,直至该项货物运达保险单所载目的地收货人的最后仓库或储存处所或被保险人用作分配、分派的其他储存处所为止,如未运抵上述仓库或储存处所,则以被保险货物运抵最后卸载的车站满60天为止。

(四) 陆上运输保险的被保险人的义务

被保险人应按照以下规定的应尽义务办理有关事项,如因未履行规定的义务而且影响本公司利益时,本公司对有关损失有权拒绝赔偿。

(1) 当被保险货物运抵保险单所载目的地以后,被保险人应及时提货,当发现被保险货物遭受任何损失,应即向保险单上所载明的检验、理赔代理申请检验。如发现被保险货物整件短少或有明显残损痕迹,应即向承运人、受托人或有关当局索取货损货差证明,如果货损货差是由于承运人、受托人或其他有关方面的责任所造成,并应以书面方式向他们提出索赔,必要时还需取得延长时效的认证。

(2) 对遭受承保责任内危险的货物,应迅速采取合理的抢救措施,防止或减少货物损失。

(3) 在向保险人索赔时,必须提供下列单证:保险单正本、提单、发票、装箱单、磅码单、货损货差证明、检验报告及索赔清单。如涉及第三者责任还须提供向责任方追偿的有关函电及其他必要单证或文件。

(五) 陆上运输保险的索赔期限

本保险索赔时效,从被保险货物在最后目的地车站全部卸离车辆后计算,最多不超过二年。

二、铁路运输的索赔

在铁路运输过程中,如果货物发生灭失、短少、变质、污染、损坏,请在车站提取货物时检查货物现状,核对铁路货运记录内容相符后,在货运记录"收货人"栏内签名,领取货运记录(货主页),并自领到货运记录的次日起180日内向到站或发站提出赔偿。如果货物超过运到期限,请向到站提出查询。经过30日(鲜活货物超过运到期限),仍不能在到站交付货时,托运人或收货人可按货物灭失向到站或发站提出赔偿要求。

(1) 办理保价运输的货物,全批货物损失时,赔偿金额最高不超过保价金额;部分损失时,赔偿金额按损失货物占全批货物的比例乘以保价金额赔偿。

(2) 未办理保价运输的货物,按照实际损失赔偿,但最高不超过铁道部规定的赔偿限额。

(3) 办理保险运输的货物,凭车站出具的货运记录按照保险合同的约定,到当地保险公司办理赔偿。

实训操作

1. 熟悉大陆桥运输的主要线路,通过网络查询确定相关地理位置后,在地图中分别标注出:西伯利亚大陆桥、美国大陆桥、新亚欧大陆桥。
2. 查询资料简述 OCP 运输、IPI 运输、MBL 运输的异同点。
3. 公路运输中,汽车货物运输都有可能缴纳哪些费用?
4. 内地与港、澳地区的铁路运输过程中主要有哪些工作程序,需要准备哪些单证?

任务八 集装箱运输及国际多式联运

 导入案例

某公司向国外出口大型喷绘机,体积大概为 1 立方米,重量为 60 公斤,出口至法国、新西兰,而目的地国家的港口城市与出口公司所发到的目的地城市距离较远,为了便于办理进出境手续,目的港不可变更。此笔出口业务该如何办理货运代理业务呢?

 任务要求

制订多式联运运输方案

 任务流程

1. 选择运输方式
2. 确定运输路线,选择货运公司
3. 计算运费
4. 签订货运代理协议
5. 准备和填制出口货运单据
6. 交接货物及单据
7. 办理保险
8. 费用结算

 知识要点

1. 国际多式联运运输方式
2. 确定运输流程
3. 明确运输单据
4. 核算运输费用
5. 签订保险合同

 技能要求

1. 能够根据具体产品及业务要求,选择适当的运输方式

2. 能够制定合理的运输路线,选择最佳的货运公司
3. 能够掌握填制运输单据的方法
4. 能够准确地计算出运输环节的各种费用
5. 了解联运运输风险,能够针对订单需求选择适合的保险

第一节　熟悉集装箱运输特点及优势

集装箱运输(Container Transport),是指以集装箱这种大型容器为载体,将货物集合组装成集装单元,以便在现代流通领域内运用大型装卸机械和大型载运车辆进行装卸、搬运作业和完成运输任务,从而更好地实现货物"门到门"运输的一种新型、高效率和高效益的运输方式。

集装箱运输是将货物装载于标准规格的集装箱内进行运输,适合于海洋运输、铁路运输和航空运输等各种运输方式。集装箱运输以其高效、优质、低成本的特点,成为当今最重要的一种货物装载形式。在集装箱运输的基础上,发展了把多种运输方式有机地结合起来的国际间连贯运输,即国际多式联运。

一、集装箱运输的特点

集装箱运输主要是班轮运输,因此其具有班轮运输的优势,同时又具备自身特点:具有固定航线、船期、港口、费率;运费内包括装卸费用,货物由承运人负责配载装卸;承运人和托运人不计算滞期和速遣;可以从一种运输工具直接方便地换装到另一种运输工具,无须接触或移动箱内所装货物。

货物从内陆收货人的工厂或仓库装箱后,经由海陆空不同运输方式,可以一直运至收货人的工厂或仓库,达到"门到门"运输,中途不用换装,也不用拆箱,在货运质量上有保证。一般由一个承运人负责全程运输。

具体分析集装箱运输的优越性有以下几方面:

(一) 高效益

集装箱运输经济效益高主要体现在以下几方面:

1. 简化包装,大量节约包装费用

为避免货物在运输途中受到损坏,必须有坚固的包装,而集装箱具有坚固、密封的特点,其本身就是一种极好的包装。使用集装箱可以简化包装,有的甚至无须包装,实现件杂货无包装运输,可大大节约包装费用。

2. 减少货损货差,提高货运质量

由于集装箱是一个坚固密封的箱体,集装箱本身就是一个坚固的包装。货物装箱并铅封后,途中无须拆箱倒载,一票到底,即使经过长途运输或多次换装,不易损坏箱内货物。集装箱运输可减少被盗、潮湿、污损等引起的货损和货差,深受货主和船公司的欢迎,并且由于货损货差率的降低,减少了社会财富的浪费,也具有很大的社会效益。

3. 减少营运费用,降低运输成本

由于集装箱的装卸基本上不受恶劣气候的影响,船舶非生产性停泊时间缩短,又由于装卸效率高,装卸时间缩短,对船公司而言,可提高航行率,降低船舶运输成本,对港口而言,可以提高泊位通过能力,从而提高吞吐量,增加收入。

(二) 高效率

传统的运输方式具有装卸环节多、劳动强度大、装卸效率低、船舶周转慢等缺点。而集装箱运输完全改变了这种状况。

(1) 普通货船装卸，一般每小时为35吨左右，而集装箱装卸，每小时可达400吨左右，装卸效率大幅度提高。同时，由于集装箱装卸机械化程度很高，因而每班组所需装卸工人数很少，平均每个工人的劳动生产率大大提高。

(2) 由于集装箱装卸效率很高，受气候影响小，船舶在港停留时间大大缩短，因而船舶航次时间缩短，船舶周转加快，航行率大大提高，船舶生产效率随之提高，从而，提高了船舶运输能力，在不增加船舶艘数的情况下，可完成更多的运量，增加船公司收入，这样高效率导致高效益。

(三) 高投资

集装箱运输虽然是一种高效率的运输方式，但是它同时又是一种资本高度密集的行业。

(1) 船公司必须对船舶和集装箱进行巨额投资。根据有关资料表明，集装箱船每立方英尺的造价约为普通货船的3.7~4倍。集装箱的投资相当大，开展集装箱运输所需的高额投资，使得船公司的总成本中固定成本占有相当大的比例，高达2/3以上。

(2) 集装箱运输中港口的投资也相当大。专用集装箱泊位的码头设施包括码头岸线和前沿、货场、货运站、维修车间、控制塔、门房，以及集装箱装卸机械等，耗资巨大。

(3) 为开展集装箱多式联运，还需有相应的内际设施及内陆货运站等，为了配套建设，这就需要兴建、扩建、改造、更新现有的公路、铁路、桥梁、涵洞等，这方面的投资更是惊人。可见，没有足够的资金开展集装箱运输，实现集装箱化是困难的，必须根据国力量力而行，最后实现集装箱化。

(四) 高协作

集装箱运输涉及面广、环节多、影响大，是一项复杂的运输系统工程。集装箱运输系统包括海运、陆运、空运、港口、货运站以及与集装箱运输有关的海关、商检、船舶代理公司、货运代理公司等单位和部门。如果互相配合不当，就会影响整个运输系统功能的发挥，如果某一环节失误，必将影响全局，甚至导致运输生产停顿和中断。因此，要求搞好整个运输系统各环节、各部门之间的高度协作。

(五) 用于多式联运

由于集装箱运输在不同运输方式之间换装时，勿需搬运箱内货物而只需换装集装箱，这就提高了换装作业效率，适于不同运输方式之间的联合运输。在换装转运时，海关及有关监管单位只需加封或验封转关放行，从而提高了运输效率。

此外，由于国际集装箱运输与多式联运是一个资金密集、技术密集及管理要求很高的行业，是一项复杂的运输系统工程，这就要求管理人员、技术人员、业务人员等具有较高的素质，才能胜任工作，才能充分发挥国际集装箱运输的优越性。

二、集装箱的分类及规格

(一) 集装箱的分类

根据货物装货的性质和运输条件不同，按用途集装箱分为杂货集装箱、保温集装箱、特种集装箱三类,如图 8-1 所示。

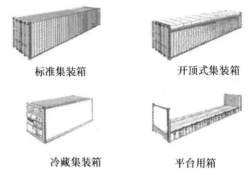

图 8-1　常用集装箱

(二)标准集装箱的规格

国际货物运输主要以 20 英尺和 40 英尺二种标准化集装箱为主,其规格为:

20 英尺:TEU 容积为 32.88 立方米(标准箱),尺寸为 5.904×2.34×2.38,自重为 2.5 吨,载重吨为 17.5 吨。

40 英尺:TEU 容积为 67.2 立方米,尺寸:12.192×2.434×2.591,自重为 4 吨,载重吨为 25 吨。具体规格见表 8-1。

表 8-1　某货运公司可提供的集装箱规格表

	内部尺寸	箱门开度尺寸	毛重	内容积	载重上限
20 英尺标准货箱	L:5 870 mm W:2 200 mm H:2 350 mm	W:2 140 mm H:2 270 mm	5 220 LBS 2 370 KGS	1 172 CU. FT 33.2 CBM	66 430 LBS 30 130 KGS
40 英尺标准货箱	L:12 000 mm W:2 200 mm H:2 350 mm	W:2 140 mm H:2 270 mm	8 774 LBS 3 980 KGS	2 390 CU. FT 67.7 CBM	62 875 LBS 28 520 KGS
40 英尺超高货箱	L:12 000 mm W:2 200 mm H:2 660 mm	W:2 140 mm H:2 570 mm	8 840 LBS 4 010 KGS	2 694 CU. FT 76.3 CBM	62 810 LBS 28 490 KGS

海运集装箱的容积按集装箱内尺寸计算的装货容积。同一规格的集装箱,由于结构和制造材料的不同,其内容积略有差异。集装箱内容积是物资部门或其他装箱人必须掌握的重要技术资料。

每个集装箱有固定的编号,装箱后封闭箱门的钢绳铅封上印有号码。集装箱号码和封印号码可取代运输标志,显示在主要出口单据上,成为运输中的识别标志和货物特定化的记号。

三、装运方式

目前国际上对集装箱运输的装箱方式尚没有统一的规定,但在实际处理集装箱具体业务时各国操作方式比较近似,根据国际上对集装箱业务的常规装箱方式,可进行以下划分:

（一）根据货物数量分类

整箱和拼箱，其中拼箱货按每立方装箱计费。

1. 整箱货 FCL(Full Container Load)

由发货人负责装箱、计数、积载并加铅封的货运。整箱货的拆箱，一般由收货人办理。但也可以委托承运人在货运站拆箱。可是承运人不负责箱内的货损、货差。除非货方举证确属承运人责任事故的损害，承运人才负责赔偿。承运人对整箱货，以箱为交接单位。只要集装箱外表与收箱时相似和铅封完整，承运人就完成了承运责任。整箱货运提单上，要加上"委托人装箱、计数并加铅封"的条款。整箱货（FCL）可由货方自行装箱后直接送至集装箱堆场（CY），整箱货到达目的地后，送至堆场由收货人提取。堆场通常设在集装箱码头附近，是集装箱的中转站。

2. 拼箱货 LCL(Less Container Load)

指装不满一整箱的小票货物。这种货物，通常是由承运人分别揽货并在集装箱货运站或内陆站集中，而后将两票或两票以上的货物拼装在一个集装箱内，同样要在目的地的集装箱货运站（CFS）或内陆站拆箱分别交货。对于这种货物，承运人要负担装箱与拆箱作业，装拆箱费用仍向货方收取。承运人对拼箱货的责任，基本上与传统杂货运输相同。

（二）集装箱货物交接方式分类

集装箱这种交接方式应在运输单据上予以说明。

(1) FCL/FCL 或 CY/CY（整装整拆，即整箱交、整箱接）；

(2) FCL/LCL 或 CY/CFS（整装拼拆，即整箱交、拆箱接）；

(3) LCL/FCL 或 CFS/CY（拼装整拆，即拼箱交、整箱接）；

(4) LCL/LCL 或 CFS/CFS（拼装拼拆，即拼箱交、拆箱接）。

（三）集装箱货物交货地点分类

(1) 门到门（Door to Door）

由托运人负责装载的集装箱，在其货仓或工厂仓库交承运人验收后，由承运人负责全程运输，直到收货人的货仓或工厂仓库交箱为止。这种全程连线运输，称为"门到门"运输。

(2) 门到场（Door to CY）

由发货人货仓或工厂仓库至目的地或卸箱港的集装箱装卸区堆场。

(3) 门到站（Door to CFS）

由发货人货仓或工厂仓库至目的地或卸箱港的集装箱货运站。

(4) 场到门（CY to Door）

由起运地或装箱港的集装箱装卸区堆场至收货人的货仓或工厂仓库。

(5) 场到场（CY to CY）

由起运地或装箱港的集装箱装卸区堆场至目的地或卸箱港的集装箱装卸区堆场。

(6) 场到站（CY to CFS）

由起运地或装箱港的集装箱装卸区堆场至目的地或卸箱港的集装箱货运站。

(7) 站到门（CFS to Door）

由起运地或装箱港的集装箱货运站至收货人的货仓或工厂仓库。

(8) 站到场（CFS to CY）

由起运地或装箱港的集装箱货运站至目的地或卸箱港的集装箱装卸区堆场。

(9) 站到站(CFS to CFS)

由起运地或装箱港的集装箱货运站至目的地或卸箱港的集装箱货运站。

四、运费支付

根据贸易条款,运费的支付可分为预付和到付。

(1) 预付运费

在签发提单前即须支付运费,其贸易条款为 CIF 和 CNF(由出口方订舱)。

(2) 到付运费

货物到达目的港交付货物前付清运费。

海运的运费全部以美元计算,收取的人民币运费在交给船公司时换算成美元。

船公司的集装箱到港后 7～10 天为免费期,超过 10 天的 20 英尺集装箱每天收取 USD5,40 英尺集装箱每天收取 USD10,之后每 10 天翻一倍。

第二节　熟悉国际多式联运业务

国际多式联运是以集装箱装载形式把各种运输方式连贯起来进行国际运输的一种新型运输方式。

一、国际多式联运标准

按照《联合国国际多式联运公约》的解释,国际多式联运必须具备以下五个条件:至少是两种不同运输方式的国际间连贯运输,有一份多式联运合同,使用一份包括全程的多式联运单据,由一个多式联运经营人对全程运输负责,是全程单一的运费费率。

进行国际多式联运业务必须注意以下问题:

(1) 熟悉货柜规格、容积、重量。

(2) 根据货柜尺寸,确定堆码的层次和方法,利用好空间,但不得超过规定的重量。

(3) 查点货物有无短损。

(4) 紧密、稳固,适当衬垫,减少损坏,视单件包装的强度决定堆码的层次。

(5) 干货与轻货置上面,湿货与重货放下面。

(6) 干湿货物同置一柜,用垫板隔离。

(7) 避免柜内前后或左右轻重不均,关箱前,采取措施防止开箱时箱口的货物倒塌造成货损甚至伤人。

(8) 制作装箱单要翔实。

二、国际多式联运的优越性

国际多式联运是一种比区段运输高级的运输组织形式,20 世纪 60 年代末美国首先试办多式联运业务,受到货主的欢迎。随后,国际多式联运在北美、欧洲和远东地区开始采用。20 世纪 80 年代,国际多式联运已逐步在发展中国家实行。目前,国际多式联运已成为一种新型的重要的国际集装箱运输方式,受到国际航运界的普遍重视。1980 年 5 月在日内瓦召开的联合国国际多式联运公约会议上产生了《联合国国际多式联运公约》。该公约将在 30 个国家批准和加入一年后生效,它的生效将对今后国际多式联运的发展产生积极的影响。

国际多式联运是今后国际运输发展的方向,这是因为,开展国际集装箱多式联运具有许多优越性,主要表现在以下几个方面:

1. 简化托运、结算及理赔手续,节省人力、物力和有关费用

在国际多式联运方式下无论货物运输距离有多远,由几种运输方式共同完成,且不论运输途中货物经过多少次转换,所有一切运输事项均由多式联运经营人负责办理。而托运人只需办理一次托运,订立一份运输合同,一次支付费用,一次保险,从而省去托运人办理托运手续的许多不便。同时,由于多式联运采用一份货运单证,统一计费,因而也可简化制单和结算手续,节省人力和物力,此外,一旦运输过程中发生货损货差,由多式联运经营人对全程运输负责,从而也可简化理赔手续,减少理赔费用。

2. 缩短货物运输时间,减少库存,降低货损货差事故,提高货运质量

在国际多式联运方式下,各个运输环节和各种运输工具之间配合密切,衔接紧凑,货物所到之处中转迅速及时,大大减少货物的在途停留时间,从而从根本上保证了货物安全、迅速、准确、及时地运抵目的地,因而也相应地降低了货物的库存量和库存成本。同时,多式联运系通过集装箱为运输单元进行直达运输,尽管货运途中须经多次转换,但由于使用专业机械装卸,且不涉及槽内货物,因而货损货差事故大为减少,从而在很大程度上提高了货物的运输质量。

3. 降低运输成本,节省各种支出

由于多式联运可实行门到门运输,因此对货主来说,在货物交由第一承运人以后即可取得货运单证,并据以结汇,从而提前了结汇时间。这不仅有于加速货物占用资金的周转,而且可以减少利息的支出。此外,由于货物是在集装箱内进行运输的,因此从某种意义上来看,可相应地节省货物的包装、理货和保险等费用的支出。

4. 提高运输管理水平,实现运输合理化

对于区段运输而言,由于各种运输方式的经营人各自为政,自成体系,因而其经营业务范围受到限制,货运量相应也有限。而一旦由不同的经营人共同参与多式联运,经营的范围可以大大扩展,同时可以最大限度地发挥其现有设备作用,选择最佳运输线路,组织合理化运输。

5. 其他作用

从政府的角度来看,发展国际多式联运具有以下重要意义:有利于加强政府对整个货物运输链的监督与管理;保证本国在整个货物运输过程中获得较大的运费收入分配比例;有助于引进新的先进运输技术;减少外汇支出;改善本国基础设施的利用状况;通过国家的宏观调控与指导职能,保证使用对环境破坏最小的运输方式,达到保护本国生态环境的目的。

三、多式联运的种类

国际多式联运按运输对象划分,可以分为货物联运和旅客联运;按其各种运输工具的组合,又可以分为水陆联运(包括:铁路、水路联运,公路、水路联运)、铁公联运、水陆空联运等等。在同一运输方式中,由于各运输企业分散与独立经营的特点,也可以组织江海联运、江河联运、江海河联运等。

(一)国际多式联运的分类

国际多式联运是采用两种或两种以上不同运输方式进行联运的运输组织形式。这里所指的至少两种运输方式,可以是海陆、陆空、海空等。这与一般的海海、陆陆、空空等形式的

联运有着本质的区别。后者虽也是联运,但仍是同一种运输工具之间的运输方式。众所周知,各种运输方式均有自身的优点与不足。一般来说,水路运输具有运量大、成本低的优点;公路运输则具有机动灵活,便于实现货物门到门运输的特点;铁路运输的主要优点是不受气候影响,可深入内陆和横贯内陆实现货物长距离的准时运输;而航空运输的主要优点是可实现货物的快速运输。由于国际多式联运严格规定必须采用两种和两种以上的运输方式进行联运,因此这种运输组织形式可综合利用各种运输方式的优点,充分体现社会化大生产大交通的特点。

由于国际多式联运具有其他运输组织形式无可比拟的优越性,因而这种国际运输新技术已在世界各主要国家和地区得到广泛的推广和应用。目前,有代表性的国家多式联运主要有远东/欧洲,远东/北美等海陆空联运,其组织形式包括:

1. 海陆联运

海陆联运是国际多式联运的主要组织形式,也是远东/欧洲多式联运的主要组织形式之一。目前组织和经营远东/欧洲海陆联运业务的主要有班轮公会的三联集团、北荷、冠航和丹麦的马士基等国际航运公司,以及非班轮公会的中国远洋运输公司、台湾长荣航运公司和德国那亚航运公司等。这种组织形式以航运公司为主体,签发联运提单,与航线两端的内陆运输部门开展联运业务,与大陆桥运输展开竞争。

2. 陆桥运输

在国际多式联运中,陆桥运输(Land Bridge Service)起着非常重要的作用。它是远东/欧洲国际多式联运的主要形式。所谓陆桥运输是指采用集装箱专用列车或卡车,把横贯大陆的铁路或公路作为中间"桥梁",使大陆两端的集装箱海运航线与专用列车或卡车连接起来的一种连贯运输方式。严格地讲,陆桥运输也是一种海陆联运形式,只是因为其在国际多式联运中的独特地位,故在此将其单独作为一种运输组织形式。目前,远东/欧洲的陆桥运输线路有西伯利亚大陆桥和北美大陆桥。

(二)我国的联运类型

我国在货物联运中,按照运送凭证通用性程度的不同,以组织联运方法的不同,通常又区分为干线联运和干支线联运。

1. 干线联运

系指按照铁道部、交通部联合颁发的《铁路和水路货物联运规则》范围内办理的铁水联运,是大宗物资联运的主要通路,它具有批量大、运距长等特点,全国有统一的规则,统一的运价。通过统一的联运运单,衔接各运输环节,做到一次托运、一次收费、一票到底,负责全程运输的联运。这个干线铁水联运网,现已遍及全国5.3万公里营业铁路的4 000多个车站,与沿海、长江以及黑龙江、江苏、浙江、湖南、湖北、四川等6个省的主要内河(海)航线的97个港口(海)航线的97个港口(其中:海港26个,长江港口31个,其他内河港口40个)一起,组成了铁水干线联运网。基本上沟通了全国除西藏以外的各省、市、自治区。由水运系统组成的联运港口228个(其中:海港43个,长江港口78个,其他内河港口107个)。

2. 干支线联运

系指铁水干线与地方公路、水路之间的。联运,包括目前正在推广的江苏联运"乡邮化"方式在内的县、箱联运形式。由于地方公路、水路管理体制比较负责,各省、市、自治区的运价不一样,全国还没有统一的比较具体的联运规则,联运的运送凭证只能在全程运输中的局部区段内或地方运输企业、联运企业间通用,或通过联运企业中转换装业务来组织实现。

国际多式联运过程中,涉及货物装卸、交接和管理等许多复杂问题,因而承办多式联运的承运人都只能在有限的几条路线上协调好多种运输方式的连贯性。我国自 20 世纪 80 年代初开展多式联运业务,已建立了数十条联运路线,但完整的管理体系和货运代理网络尚待形成。

第三节 根据客户需求设计国际多式联运方案

一、普通集装箱运输操作流程

(一) 接受货主询价

1. 海运询价

(1) 需掌握发货港至各大洲、各大航线常用的,以及货主常需服务的港口、价格;

(2) 主要船公司船期信息;

(3) 需要时应向询价货主问明一些类别信息,如货名、危险级别等。(水路危规)

2. 陆运询价(人民币费用)

(1) 需掌握各大主要城市公里数和拖箱价格;

(2) 各港区装箱价格;

(3) 报关费、商检、动植检收费标准。

3. 其他情况

不能及时提供的,需请顾客留下电话、姓氏等联系要素,以便在尽可能短的时间内回复货主。

(二) 接单(接受货主委托)

接受货主委托后(一般为传真件)需明确的重点信息:

(1) 船期、件数

(2) 箱型、箱量

(3) 毛重

(4) 体积

各箱型最大体积为	(长×宽×高)可装体积	可装重量
1×20′GP=31CBM	6×2.38×2.38	25、17MT
1×40′GP=67CBM	12×2.38×2.38	55、25MT
1×40′HC=76CBM	12×2.7×2.38	
1×45′GP=86CBM		

(GP general purpose 普通箱,CBM cubic metre 立方米,MT metric ton 公吨,HC high cubic 高箱)

(5) 付费条款、货主联系方法

(6) 做箱情况,门到门还是内装

（三）订舱

（1）缮制委托书（十联单）

制单时应最大程度保证原始托单的数据正确、相符性，以减少后续过程的频繁更改。

（2）加盖公司订舱章订舱

需提供订舱附件的(如船公司价格确认件)，应一并备齐方能去订舱。

（3）取得配舱回单，摘取船名、航次、提单号信息

（四）做箱

（1）门到门

填妥装箱计划中：做箱时间、船名、航次、关单号、中转港、目的港、毛重、件数、体积、门点、联系人、电话等要因，先于截关日（船期前两天）1～2天排好车班。

（2）内装

填妥装箱计划中：船期船名航次、关单号、中转港、目的港、毛重、件数、体积、进舱编号等要因，先于截关日（船期前两天）1～2天排好车班。

（3）取得两种做箱方法所得的装箱单（CLP）

（五）报关（有时同时、有时先于做箱）

（1）了解常出口货物报关所需资料

需商检，需配额，需许可证，需产地证，需提供商标授权、商标品名。

出口香港地区货值超过MYM10万，其他地区超过MYM50万，核销时需提供结汇水单（复印件），需提供商会核价章。

（2）填妥船名航次、提单号、对应装箱单（Packing List）、发票、所显示的毛重净重、件数、包装种类、金额、体积，审核报关单的正确性（单证一致）。

（3）显示报关单所在货物的"中文品名"，对照海关编码大全，查阅商品编码，审核两者是否相符，按编码确定计量单位，并根据海关所列之监管条件点阅所缺乏的报关要件。

（4）备妥报关委托书、报关单、手册、发票、装箱单、核销单、配舱回单（十联单第五联以后）、更改单（需要的话）和其他所需资料，于截关前一天通关。

（5）跟踪场站收据，确保配载上船。

（6）凡是退关改配的，若其中有下个航次，出运仍然需要，诸如许可证、配额、商检、动植检之类的文件资料，退关、改配通知应先于该配置船期一个星期到达，以便（报运部）顺利抽回资料，重新利用。否则只会顺延船期，造成麻烦。

（六）提单确认和修改

1. 问明顾客"提单"的发放形式

（1）电放：需顾客提供正本"电放保函"（留底），后出具公司"保函"到船公司电放。

（2）预借（如可行）：需顾客提供正本"预借保函"（留底），后出具公司"保函"到船公司预借。

（3）倒签（如可行）：需顾客提供正本"倒签保函"（留底），后出具公司"保函"到船公司倒签。此种情况下，多半是签发House B/L。

（4）分单：应等船开以后3～4天（候舱单送达海关，以保证退税），再将一票关单拆成多票关单。

（5）并单：应等船开以后3～4天（候舱单送达海关，以保证退税），再将多票关单合成一

票关单。

(6) 异地放单：须经船公司同意，并取得货主保函和异地接单之联系人、电话、传真、公司名、地址等资料方可放单。

2. 依据原始资料，传真于货主确认，并根据回传确立提单正确内容

（七）签单

(1) 查看每张正本提单是否都签全了证章。

(2) 是否需要手签。

（八）航次费用结算

1. 海运费

预付（Freight Prepaid）/到付（Freight Collect）。

2. 陆运费

(1) 订舱；

(2) 报关（包括返关之前已经报关的费用）；

(3) 做箱（内装/门到门）。

其他应考虑的费用：

冲港费/冲关费；

商检费、动植检费、提货费、快递费、电放费、更改费。

（九）提单、发票发放（提单样本）

(1) 货主自来取件的，需签收；

(2) 通过 EMS 和快递送达的，应在"名址单"上标明诸如："提单号"、"发票号"、"核销单号"、"许可证号"、"配额号"等要素以备日后查证。

（十）应在一个月内督促航次费用的清算并及时返还货主的"核销退税单"

（十一）海关退税有问题的，需更改并要提供如下资料

1. 报关数据正确、舱单不正确的

(1) 经预录后的（海关返还的）报关单复印件；

(2) 场站收据复印件（十联单的第七联即黄联）；

(3) 提单正本复印件两张；

(4) 装箱单（Container Load Plan）复印件；

(5) 更正单（三联、正本）。

2. 短装（多报少出）、溢装（少报多出）

(1) 船开5天（工作日）内没能及时更正的：

先交纳罚款金 3 000～5 000；

货主重新提供的发票、装箱单（Packing List）；

货主重新提供报关单；

提单副本复印件（加盖"提单副本确认章"）。

(2) 船开5天（工作日）内更改的：

提单副本复印件（加盖"提单副本确认章"）；

正本、正确的报关单；

正本、正确的发票、装箱单。集装箱运输货、款、单流转顺序如图 8-2 所示。

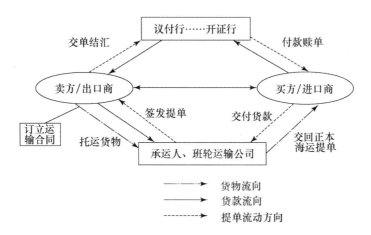

图 8-2 集装箱运输货、款、单流转示意图

二、其他联运运作流程

（一）海空联运运作流程

（1）海空联运是以航空运输为核心的多式联运,通常由航空公司或航空运输转运人,或者专门从事海空联运的多式联运经营人来制订计划,以便满足货主对于海运联运货物的抵达时间,要求与一般空运一样能精确到"×日×时×分"。由于空运在运输能力、运输方法上有其特点,而且,绝大多数飞机是无法实现海空货箱互换的,货物通常要在航空港换入航空集装箱。海空货物的目的地是机场,货物运抵后是以航空货物处理的,因此,如何在中转时快速、安全地处理货物以及如一般空运那样按时抵达目的地已成为海空联运的关键。

（2）国际上对海空联运还没有相应的规定和法律,运价可自由制定。

（3）运输时间比全程海运少,运输费用比全程空运便宜,可以解决旺季时直飞空运的舱位问题。

（4）托运货物有一定限制,基于海空运输规则及设施限制,有些货物暂不收运。

由此可见,海空多式联运结合海运运量大、成本低和空运速度快、时间要求紧的特点,能对不同运量和不同运输时间要求的货物进行有机结合。

（二）国际铁路联运业务流程

国际铁路联运业务流程包括发送站的发送作业、发送路国境站作业、过境路作业（如有的话）、到达路国境站作业、到达路的到发作业等多个环节。

2007 年 7 月 25 日,铁道部颁布《铁路货物运输计划管理暂行办法》,从而实现了通过网络受理铁路货物运输服务订单并采用计算机管理货物运输计划。

1. 铁路货物运输服务订单的分类与内容

铁路货物运输服务订单（以下简称铁路订单）的核心是解决车皮计划,也就是运力分配问题。订单本身对承运人和托运人双方没有约束力,但当承运人做出提供车皮的承诺时,订单便具有约束力,因此,合同的成立应以承运人承诺给予托运人运力时成立。

铁路订单分为整车货物运输和零担、集装箱、班列运输两种。

(1) 铁路整车货物(包括以整车形式运输的集装箱)运输服务订单主要包括要求运输时间、发站、到站、托运人、收货人、卸货地点、货物品名、货物价值、货物件数、货物重量及体积、要求发站装车期限或班列车次、报价及相关的服务内容等。

(2) 零担、集装箱、班列运输服务订单主要包括托运人、收货人、发站、到站、车种/车数、箱型/箱数、装货地点、卸货地点、货物品名、货物价值、货物件数、货物重量及体积、要求发站装车期限或班列车次、报价及相关的服务内容等。

2. 铁路订单提报、受理与审定

根据《铁路货物运输计划管理暂行办法》的规定,铁路货运计划编制采用集中审定订单、随时审定订单、立即审定订单和自动审定订单相结合的办法,应优先安排国家重点物资运输。对铁路原因造成的未能按时装车的订单,应在随时审定中给予优先安排。

(1) 集中审定

集中审定:是指为编制次月月编计划(俗称计划内),对每月19日前提报的次月订单进行定期审定。

托运人办理整车货物(包括以整车形式运输的集装箱)运输时,应当于每月19日前向当地铁路提报次月"铁路货物运输服务订单"一式两份,铁路货运计划人员将受理的订单及时输入计算机,每月19日前,铁路局向铁道部上报次月集中审定原提订单。铁道部运输局于20日12点前把国际联运计划按口岸、到达国、货物品类汇总交国际合作司,由国际合作司和有关接运国家铁路进行商定。21日17点前(逢星期六提前一天,星期日顺延一天,特殊情况另行通知)铁道部向铁路局下达订单审定结果。计划执行前3天,如接运国无异议,则按铁道部21日下达的计划执行;接运国不同意的部分,铁道部另行下达命令停止发送。

(2) 非集中审定

非集中审定包括:随时审定、立即审定和自动审定。

随时审定:是指对未列入月编计划(俗称计划外)的订单进行随时受理、随时审定。

立即审定:是指对抢险救灾和紧急运输物资等必须迅速运输的特殊物资,根据受理人员输入的特定标志,由计算机系统立即赋予审定号码。

自动审定:是指对运力宽松方向的订单敞开手续,即在规定的审定权限内,按去向、车种、车数和品类等内容组合设置自动审定条件,由计算机系统自动赋予审定号码。

计划外运输的整车货及零担、集装箱、班列货物属于非集中审定货物。对于非集中审定的订单可以随时提报,托运人可随时向当地铁路提报当月或次月"铁路货物运输服务订单"一式两份,铁路货运计划人将受理的订单及时输入计算机,并即时通过传输网络逐级上报铁道部。铁道部运输局汇总交国际合作司,国际合作司和有关接运国家铁路进行商定。和集中审定不同的是,随时审定要等接运国同意后才能下达,一般需要7天时间。

第四节 计算运费,填制国际多式联运相关单据

一、计算集装箱多式联运运费

(一) 运费制度

目前,多式联运的计收方式主要有单一运费制和分段运费制两种。

1. 按单一运费制计算运费

单一运费制是指集装箱从托运到交付,所有运输区段均按照一个相同的运费率计算全

程运费。在西伯利亚大陆桥运输中采用的就是这种计费方式。

2. 按分段运费制计算运费

分段运费制是按照组成多式联运的各运输区段,分别计算海运、陆运、空运及港站等各项费用,然后合计为多式联运的全程运费,由多式联运经营人向货主一次计收。各运输区段的费用,再由多事联运经营人与各区段的实际承运人分别结算。目前大部分多式联运的全程运费均采用这种计费方式。

3. 混合计算运费

理论上讲,国际多式联运企业应制定全程运价表,且采用单一运费率制。然而由于制定单一运费率是一件较为复杂的问题,因此,作为过渡方法,目前有的多式联运经营人采取混合计收方法:从国内接收货物地点至到达国口岸采取单一费率。向发货人收取(预付运费),从到达国口岸到内陆目的地的费用按实际成本确定,另向收货人收取(到付运费)。

(二)集装箱包箱费率

包箱费率(Box Rates)是各公司根据自身情况,按集装箱的类型制定的不同航线的包干运价,既包括集装箱海上运输费用,也包括在装、卸船港码头的费用。

包箱费率可分为两类:货物(或商品)包箱费率和均一包箱费率。前者是按货物的类别、级别和不同箱型规定的包箱费率,后者则不论货物的类别(危险品、冷藏货除外),只按箱型规定的包箱费率。后者费率定得较低,体现了船公司对货主托运整箱货的优惠,是各公司吸引集装箱货源的重要手段之一。目前包箱费率主要有三种形式:

1. FAK 包箱费率(Freight All Kinds)

这种包箱费率是对每一集装箱不细分箱内货物的货类级别,不计货量(当然是在重量限额以内),只按箱型统一规定的费率计费,也称为均一包箱费率。

采用这种费率时货物仅分普通货物、半危险货物、危险货物和冷藏货物 4 类。不同类的货物,不同尺度($20'/40'$)的集装箱费率不同。

这种费率在激烈竞争形势下,受运输市场供求关系变化影响较大,变动也较为频繁。一般适用于短程特定航线的运输和以 CY-CY,CFS-CY 方式交接的货物运输,见表 8-2。

表 8-2　中国—新加坡航线集装箱资费表(FAK)

装港 Port of Loading	货物 Commodity	CFS/CFS W/M	CFS/CY $20'/40'$	CY/CY $20'/40'$
黄埔 Huangpu	general cargo(普通货)	47.50	830/1510	750/1350
	semi-hazardous cargo(半危货)	62.50	1130/2050	1050/1890
	hazardous cargo(全危货)	77.50	1430/2590	1350/2430
	refrigerated cargo(冷冻货)		2080/3460	2000/3300

2. FCS 包箱费率(Freight for Class)

这种费率是按不同货物种类和等级制定的包箱费率。在这种费率下,一般(如中远运价本)将货物分为普通货物、非危险化学品、半危险货物、危险货物和冷藏货物等几大类,其中普通货物与件杂货一样为 1～20 级,各公司运价本中按货物种类、级别和箱型规定包箱费率。但集装箱货的费率级差要大大小于件杂货费率级差。一般来讲,等级低的低价货费率要高于传统件杂货费率,等级高的高价货费率要低于传统费率,同等级的货物按重量吨计费的运价高于按体积吨计费的运价。这也反映了船公司鼓励货主托运高价货和体积货。

使用这种费率计算运费时,先要根据货名查到等级,然后按货物大类等级、交接方式和集装箱尺度查表,即可得到每只集装箱相应的运费。这种费率属于货物(或商品)包箱费率。中远运价本中,在中国—澳大利亚和中国—新西兰航线上采用这种费率形式,见表8-3。

表 8-3　中国—新加坡航线集装箱资费表(FCS)

等级 Class	CFS/CFS		CFS/CY 20'/40'	CY/CY 20'/40'
	W	M		
1~7	81	57	1370/2490	1250/2250
8~10	86	61	1470/2670	1350/2430
11~15	92	64	1570/2850	1450/2610
16~20	104	74	1770/3210	1650/2970
chemical non-hazardous(化学非危品)	92	65	1570/2850	1450/2610
semi-hazardous cargo(半危品)	98	70	1670/3030	1550/2790
hazardous cargo(全危品)				
refrigerated cargo(冷冻货)				

3. FCB 包箱费率(Freight for Class and Basis)

FCB 包箱费率是指按不同货物的类别、等级及计算标准制定的包箱费率。在这种费率下,即使是装有同种货物的整箱货,当用重量吨或体积吨为计算单位(或标准)时,其包箱费率也是不同的。这是与 FCS 费率的主要区别之处。

使用这种费率计算运费时,首先不仅要查清货物的类别等级,还要查明货物应按体积还是重量作为计算单位,然后按等级、计算标准及交接方式、集装箱类别查到每只集装箱的运费。

这种费率也属于货物(或商品)的包箱费率。中远运价本中在中国—卡拉奇等航线上采用这种费率形式。集装箱货物的海运费除按集装箱运价本中费率表计算外,使用前一定要仔细了解,以免引起纠纷。

二、多式联运相关单证

(一)多式联运合同

多式联运合同必须是对货物的运输,而且是国际间的货物运输。在全程运输中要使用两种或两种以上运输方式,而且是这些运输方式的连续运输。多式联运经营人应具有接受货物、保管货物和完成运输及有关服务的责任。国际多式联运合同应是承揽、有偿和非要式的合同,其特点表现在:国际多式联运合同是双务合同、有偿合同、非要式合同、约束第三者的合同。国际多式联运合同有时包括接受委托、提供服务业务。

(二)多式联运单证

《联合国国际多式联运公约》对多式联运单证所下的定义是:"国际多式联运单证(Multimodal Transport Document MTD),是指证明多式联运合同以及证明多式联运经营人接管货物并负责按照合同条款交付货物的单证。"

1991年贸发会议/国际商会《多式联运单证规则》所下的定义是:"多式联运单证是指证明多式联运合同的单证,该单证可以在适用法律的允许下,以电子数据交换信息取代,而且可以 a. 以可转让方式签发,或者 b. 表明记名收货人,已不可转让方式签发。"

基于国际多式联运而签发的国际多式联运单证本质上借鉴和吸收了海运提单和运单各自独特的功能,集两者所长以适应国际货物多式联运的实际需要。

国际多式联运单证可分为以下四类:波罗的海国际航运公会(BIMCO)制定的 Combidoc、FLATA 联运提单(FBL)、UNCTAD 制定的 Multidoc 以及多式联运经营人自行制定的多式联运单证。其中,多式联运提单与海上运输提单的性质与作用是一致的,主要包括:多式联运提单是双方在合同确定的货物运输关系中权利、义务和责任的准则;多式联运提单是多式联运经营人接管货物的证明和收据;多式联运提单是收货人提取货物和多式联运经营人交付货物的凭证;多式联运提单是货物所有权的证明,可以用来结汇、流通、抵押等。多式联运提单的种类可分为两大类:可转让提单(指示提单、不记名提单)和不可转让提单(记名提单)。

1. 可转让的多式联运单证

可转让的多式联运单证类似提单,即可转让的多式联运单证具有三种功能:多式联运合同难过的证明、货物收据与物权凭证功能。

2. 不可转让的多式联运单证

不可转让的多式联运单证类似于运单,具有两种功能:多式联运合同的证明和货物收据,它不具有物权凭证功能。

3. 集装箱提单与多式联运提单

(1)集装箱提单

集装箱提单是指为集装箱运输所签发的提单。它既可能是港到港的直达提单,也可能是海船转海船的转船提单或联运提单,还可能是海上运输与其他运输方式接续完成全程运输的多式联运提单。

(2)多式联运提单

多数联运单证的表现形式,目前并没有统一的格式。实践中,多式联运提单可以以各种不同的格式、名称出现,其记载的内容和特点可能也有差别。多式联运在运输过程中集装箱单证流转程序如图 8-3 所示。

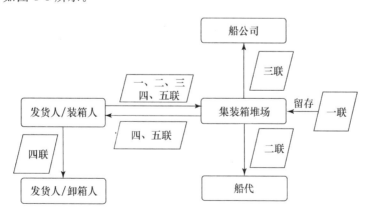

图 8-3 集装箱单证流转示意图

第五节　办理集装箱多式联运相关保险业务

集装箱保险指集装箱的所有人或租借人,对因在集装箱运输过程中的各种危险而产生的集装箱箱体的损坏或灭失进行的保险,或者当因集装箱运输事故而使集装箱对第三者造成损害时,由于集装箱所有人负有法律上的责任,因此有必要预先对此赔偿责任进行保险,或者是因为集装箱运输中的事故可能是装载箱内的货物发生损害,此时由于集装箱承运人负有法律以及运输合同规定的赔偿责任,因此承运人也必须把对货主的损害赔偿责任进行保险。

因此,这里集装箱保险有三种类型:集装箱自身保险,集装箱所有人(包括租借人)对第三者的赔偿责任保险,集装箱承运人(包括多式联运经营人)的货物损害赔偿责任保险。这三种保险,可以一并于一张保单,但通常应以签订特约书形式进行综合预订保险。

一、集装箱自身保险

是赔偿集装箱箱体的灭失、损坏而产生的经济损失的保险,占集装箱保险的主要部分。

集装箱自身保险一般由集装箱所有人作为投保人,而在租赁集装箱的情况下,择优租借人作为准所有人签订合同。另外,租借人也可以把其对所有人的赔偿责任加以投保。

集装箱自身保险分为全损险和综合险(一切险)。全损险的责任范围是集装箱的全部损失,综合险的责任范围是集装箱的全部损失和集装箱机器的部分损失。

集装箱自身保险为定期保险。

二、集装箱所有人的第三者的赔偿责任保险

当因集装箱的有关事故而使他人的身体遭受伤害或财务受到损坏时,在法律上边有赔偿的责任。通过此种保险,可以使集装箱所有人或租借人因之而蒙受的损失得到赔偿。

这种保险分为两种情况:一是只承保集装箱所有人或租借人的赔偿责任,二是承保包括集装箱所有人的责任在内的集装箱经营人的赔偿责任。

三、集装箱经营人的货物损害赔偿责任保险

多式联运经营人对于运输过程中造成的货物损坏或灭失的赔偿责任,通常是以货物赔偿责任保险向保险公司或保赔协会投保。

专业保险公司通常会对一些特殊责任予以承保,包括:

(1)货物的错送与误投的赔偿责任;
(2)业务上的过失赔偿责任;
(3)延迟责任。

 **实训操作**

1. 熟悉集装箱的基本规格,查询资料填制下表

	种类	型号	材质	长宽高	容积	自重	载重	用途	可选择的船运公司
1	干杂货集装箱								
2	开顶集装箱								

续表

	种类	型号	材质	长宽高	容积	自重	载重	用途	可选择的船运公司
3	通风集装箱								
4	台架式集装箱								
5	平台式集装箱								
6	冷藏集装箱								
7	罐式集装箱								
8	汽车集装箱								
9	动物集装箱								
10	服装集装箱								
11	散货集装箱								

2. 查询"我国已展开多式联运的线路"的相关知识，结合各个公司的地理位置特点，对我国九条多式联运线路分别制定多式联运的运输计划。

各公司（工作组）制定一份PPT内容包括：

（1）9条线路介绍、各条线路可能使用的运输工具、运输工具换装的地点城市、可能使用的时间、可以选择的联运运输公司。

（2）具体查询9条线路途经的国家或地区，可以选择的中转城市名称。

（3）查询中国可承接多式联运的运输公司及相关报价。

第三篇
危机处理

任务九　国际货运事故处理及风险防范

 导入案例

李林的国际货运代理业务逐步步入正轨,接收的代理订单也越来越多,但是国际贸易货物运输工作所要衔接的部门多,各个部门衔接的环节也容易出现问题,并不是每一笔订单都可以顺利完成的,出现问题就需要及时处理,积极提出索赔,寻求理赔。也有一些案件也存在保险公司拒接赔偿的状况,这该如何处理呢?

卖方A与买方B订立了一份FOB合同,货物在装船后,卖方向买方发出装船合同,买方已向保险公司投保"一切险",采用"仓至仓"条款。但货物在从卖方仓库运往码头的途中,因意外事故而致10%货物受损,事后卖方以保险单含有"仓至仓"条款,要求保险公司赔偿,但遭保险公司拒绝。后来卖方又请求买方以买方的名义凭保险单向保险公司提赔,但同样遭保险公司拒绝。这种情况下作为运输代理公司该如何帮助委托方尽量减少损失,争取合理的赔偿呢?

 任务要求

制订国际货物运输风险防范预案

 任务流程

1. 分析可能出现的风险
2. 对于出现事故进行责任分析
3. 进行索赔工作
4. 监督理赔过程

 知识要点

1. 熟悉国际货运常见风险
2. 国际货运事故损失的主要原因
3. 办理索赔的手续
4. 理赔的基本流程

技能要求

1. 掌握保险人在货损发生后如何确定损失原因
2. 能够办理索赔的基本手续

第一节　分析各种国际货物运输中产生事故的主要原因

关于海上的货运问题及各种风险所造成的损失在本教材"任务五"部分已有相关介绍,在本部分重点对国际货运中产生的具体事故进行具体分析。

一、海上风险与损失

(一) 海上风险

海上风险,一般指海上航行途中发生的或随附海上运输所发生的风险。它包括海上发生的自然灾害和意外事故,但并不包括海上的一切风险,如海运途中因战争引起的损失不含在内。另外,海上风险又不仅仅局限于海上航运过程中发生的风险,它还包括与海运相连接的内陆、内河、内湖运输过程中的一些自然灾害和意外事故。

1. 自然灾害

自然灾害是指不以人们意志为转移的自然界力量所引起的灾害。例如,恶劣气候、雷电、海啸、洪水、火山爆发、浪击落海等人力不可抗拒的力量所造成的灾害。

> 自然灾害中,洪水、地震、火山爆发等风险,是真正发生在海上的风险吗?
> 不是,这些是发生在内陆或内河或内湖的风险,但对于海运货物保险来说,这些风险是伴随海上航行而产生的,且危害往往很大,为了适应被保险人的需要,在长期实践中,逐渐地把它们也列入海运货物保险承保范围之内。

2. 意外事故

意外事故是指由于偶然的、难以预料的原因所造成的事故,指运输工具搁浅、触礁、沉没、与流冰或其他物体碰撞、互撞、失火、爆炸等造成的货物损失。

(二) 海上损失与费用

海上损失与费用是指被保险货物在海洋运输中因遭受海上风险而引起的损失与费用。按照海运保险业务的一般习惯,海上损失还包括与海运相连接的陆上或内河运输中所发生的损失与费用。

1. 海上损失

海上损失(简称海损)是指被保险货物在海运过程中,由于海上风险所造成的损失或灭失。就货物损失的程度而言,海损可分为全部损失和部分损失;就货物损失的性质而言,海损又可分为共同海损和单独海损。

(1) 全部损失。简称全损,是指运输中的整批货物或不可分割的一批货物的全部损失。就其损失情况不同,又可分为实际全损和推定全损。

① 实际全损。是指该批保险货物完全灭失或货物受损后已失去原有的用途。如整批货物沉入海底无法打捞、船被海盗劫去、货物被敌方扣押、船舱进水、舱内水泥经海水浸泡无法使用、船舶失踪半年仍无音讯等。具体来讲,构成被保险货物实际全损的情况有下列几种:

第一,保险标的完全灭失。指保险标的的实体已经完全毁损或不复存在。如大火烧掉船舶或货物,糖、盐这类易溶货物被海水溶化,船舶遭飓风沉没,船舶碰撞后沉入深海等。

第二,保险标的丧失属性。即指保险标的的属性已被彻底改变,不再是投保时所描述的内容,例如货物发生了化学变化使得货物分解,在这类情况下,保险标的丧失商业价值或使用价值,均属于实际全损。但如果货物到达目的地时损失虽然严重,但属性没有改变,经过一定的整理,还可以以原来的商品名义降价处理,那就只是部分损失。

第三,被保险人无法挽回地丧失了保险标的。在这种情况下,保险标的仍然实际存在,可能丝毫没有损失,或者有损失而没有丧失属性,但被保险人已经无可挽回地丧失了对它的有效占有。比如,一根金条掉入了大海,要想收回它是不可能的。再如,战时保险货物被敌方捕获并宣布为战利品。

第四,保险货物的神秘失踪。按照海上保险的惯例,船舶失踪到一定合理的期限,就被宣布为失踪船舶。在和平时期,如无相反证据,船舶的失踪被认为是由海上风险造成的实际全损。船舶如果失踪,船上所载货物也随之发生"不明原因失踪",货主可以向货物保险人索赔实际全损。

② 推定全损。是指货物发生事故后,被保险货物的实际损失已不可避免,或为避免实际全损所需的费用与继续运送货物到目的地的费用总和超过保险价值。具体来讲,保险货物的推定全损有以下几种情况:

第一,保险标的的实际全损不可避免。如船舶触礁地点在偏远而危险的地方,因气候恶劣,不能进行救助,尽管货物实际全损还没有发生,但实际全损将不可避免地发生;又如货物在运输途中严重受损,虽然当时没有丧失属性,但可以预计到达目的地时丧失属性不可避免。这类情况下被保险人就可以按推定全损索赔。

第二,被保险人丧失对保险标的的实际占有。被保险人丧失对保险标的的实际占有,在合理的时间内不可能收回该标的,或者收回标的的费用要大于标的回收后的价值,就构成推定全损。

第三,保险货物严重受损,其修理、恢复费用和续运费用总和大于货物本身的价值,该批货物就构成了推定全损。

有一台精密仪器价值15 000美元,货轮在航行途中触礁,船身剧烈震动而使仪器受损。事后经专家检验,修复费用为16 000美元,如拆为零件销售,可卖2 000美元。问该仪器属于何种损失?

任务九 国际货运事故处理及风险防范

该种损失属于推定全损。因为其修理、恢复费用和续运费用总和大于货物本身的价值。

(2) 部分损失。部分损失是指被保险货物的损失,没有达到全部损失的程度。部分损失又可分为共同海损和单独海损两种。

① 共同海损。是指载货运输的船舶在运输途中遭遇自然灾害、意外事故等,使船舶、货物或其他财产的共同安全受到威胁,为了解除共同危险,由船方有意识地、合理地采取救难措施,所直接造成的特殊牺牲和支付的特殊费用。例如,暴风雨把部分货物卷入海中,使船身发生严重倾斜,如果不及时采取措施,船货会全部沉入大海,这时船长下令扔掉部分货物以维持船身平衡,这部分牺牲就属于共同海损。

由于共同海损范围内的牺牲和费用是为了使船舶、货物或其他财产免于遭受整体损失而支出的,因而应该由船方、货方和运费收入方根据最后获救价值按比例分摊,这就叫共同海损的分摊。

构成共同海损,应具备以下条件:

第一,必须确实遭遇危难。即共同海损的危险,必须是实际存在的,或者是不可避免的,而不是主观臆测的。

第二,必须是自动地、有意识地采取的合理措施,其费用必须是额外的。

第三,必须是为船、货共同安全而采取的措施。如果只是为了船舶或货物单方面的利益而造成的损失,则不能作为共同海损。

第四,必须是属于非常性质的损失。

② 单独海损。是指除共同海损以外的意外损失,即由于承保范围内的风险所直接导致的船舶或货物的部分损失,该损失仅由各受损方单独负担。它与共同海损的主要区别在于:

第一,造成海损的原因不同。单独海损是承保风险所直接导致的船货损失;共同海损,则不是承保风险所直接导致的损失,而是为了解除船货共同危险而有意采取的合理措施所造成的损失。

第二,损失的承担责任不同。单独海损,由受损方自行承担;而共同海损,则应由各受益方按照受益大小的比例共同分摊。

2. 海上费用

海上风险除了使货物本身受到损毁导致经济损失外,还会造成费用上的损失。保险人即保险公司对这些费用也给予赔偿。主要包括施救费用和救助费用两种。

(1) 施救费用。是指保险标的遭受保险责任范围内的灾害事故时,由被保险人或他的代理人、雇佣人和受让人等,为了防止损失的扩大,采取各种措施抢救保险标的所支付的合理费用。保险人对这种施救费用负责赔偿。

(2) 救助费用。是指被保险标的遭受了保险责任范围内的灾害事故时,由保险人和被保险人以外的第三者采取救助行动并获成功,而向他支付的劳务报酬。

二、外来风险和损失

外来风险与损失,是指海上风险以外由于其他各种外来的原因所造成的风险和损失,外来风险和损失包括下列两种类型:

一种是一般外来风险与损失,是指被保险货物在运输途中,由于一般外来原因所造成的偷窃、短量、破碎、雨淋、受潮、受热、发霉、串味、沾污、渗漏、钩损和锈损等风险损失。

另一种是特殊外来风险与损失,是指由于军事、政治、国家政策法令以及行政措施等特殊外来原因所造成的风险与损失。例如,战争、罢工、因船舶中途被扣而导致交货不到,以及货物被有关当局拒绝进口或没收而导致的损失等。

除上述各种风险损失外,保险货物在运输途中还可能发生其他损失,如运输途中的自然损耗以及由于货物本身特点和内在缺陷所造成的货损等,这些损失不属于保险公司承保的范围。

第二节 熟悉国际货运保险的索赔原则和程序

一、国际货运代理保险赔偿原则

国际货运代理通常是为了弥补国际货物运输方面所带来的风险,通常花费很大的经济代价来投保国际货运代理的责任保险,将风险事先进行转移,有效防止或减少国际货运代理本身责任风险。那么在国际货运代理责任保险中当风险发生时国际货运代理如何向保险人进行索赔,其中哪些损失会得到赔偿,哪些损失则无法从保险人处获得赔偿呢?鹏景国际货运代理公司根据多年的国际货运经验向广大国际货运代理商和货主深度分析国际货运代理保险赔偿原则。

(一) 承保范围内的责任,从保险公司得到赔偿

(1) 承保范围内的责任保险公司予以全额赔偿。

(2) 国际货运代理在投保时保单中一般都会有免赔额条款,如果索赔金额未达到免赔额,则保险公司免赔,即损失会全部由投保人自己承担;如果索赔金额超过免赔额,则保险公司赔偿超过免赔额部分的损失。

(3) 国际货运风险发生时,被保险人采取的补救措施一定要及时、合理,既不可不采取任何措施,使损失继续扩大,也不可采取不合理措施,使费用增大。被保险人在采取措施之前,最好征得保险公司的意见,以免事后向保险公司索赔时产生纠纷或得不到全部赔偿。

(二) 货运代理过失,责任保险人给予赔偿

(1) 发货人为索赔货物价值应向无船承运人起诉,作为无船承运人货运代理应通知其责任保险人赔偿。

(2) 由于国际货运代理过失导致风险发生,则在查清责任之后责任保险人应予受理。即使代理人的行为带有欺诈性质且为故意,只要无船承运人能证明他自己并非为欺诈的一方,责任保险人就应接受该赔偿。

（三）货运代理错交货，责任保险人予以赔偿

国际货运代理有过失，应由国际货运代理先赔偿损失。再由国际货运代理根据其投保的责任险条款看国际货运代理过失产生的损失是不是属于责任险的承保范围，如果属于则保险公司扣除免赔额后给予全额赔偿。

（四）集装箱货物短少，属责任保险赔偿范围

当集装箱货物出现短少时，国际货运代理应该负责，因为国际货运代理应对货物运输的全程负责。集装箱货物短少，从索赔性质分析，应该说属于责任险范围。当投保时有投这样的保险时，保险公司应给予赔偿。

（五）承保范围外的责任，得不到保险人的赔偿

保险公司承保的货运代理责任险，是指货运代理在其正常业务范围内发生的事故所应承担的责任，而不承保货运代理从事非正常业务范围的工作所产生的责任。超出国际货运代理经营的范围，所产生的损失责任不属于作为货运代理应承担的责任范围，保险公司是不会给予赔偿的。

国际货运代理保险赔偿原则通过上面的分析希望能帮助广大的国际货运代理商和货主清楚了解到如何向保险人进行索赔，哪些损失会得到赔偿，哪些损失则无法从保险人处获得赔偿。当自己的合法利益受到损失时能得到合理的赔偿，同时在国际货运中尽力避免或是减少国际货运风险的发生。

二、国际贸易货运代理的保险基本索赔程序

（一）被保险人发出货物受损通知

发现货物受损后，第一时间通知保险公司让其来检验货物受损情况，之后保险公司会根据货物受损情况填写"定损单"。

（1）对于受损明显的货物，要尽可能地保留现场，并取得承运人或港务理货部门的证明。

（2）受损不明显的货物，收货人应聘请公证机构进行检验并出具检验证明。

（3）受损货物若属于第三方责任，而第三方拒绝赔付或拖延不理赔时，转向保险人索赔，并将有关文件交给保险公司。

（二）索赔所需的单据

（1）提单正本

提单的货物收据表明了承运人所收货物的外表状况和数量，交付货物时不能按其提交这一事实本身就说明了货损或货差的存在。

（2）卸货港理货单或货物溢短单、残损单等卸货单证

这些单证是证明货损或货差发生在船舶运输过程中的重要单证。如果这些卸货单证注明了货损或货差情况，并经船舶大副签认，而在收货单上又未做出同样的批注，就证明了这些货损或货差是发生在运输途中的。

（3）重理单

船方对所卸货物件数或数量有疑问时，一般要求复查或重新理货，并在证明货物溢短的

单证上做出"复查"或"重理"的批注。这种情况下,索赔时,必须同时提供复查结果的证明文件或理货人签发的重理单,并以此为依据证明货物有否短缺。

(4) 货物残损检验报告

在货物受损的原因不明显或不易区别,或无法判定货物受损程度时,可以申请具有公证资格的检验人对货物进行检验。在这种情况下,索赔时必须提供检验人检验后出具的"货物残损检验证书"(Inspection Certificate for Damage & Shortage)。

(5) 商业发票

(6) 装箱单

(7) 修理单

用来表明被损坏的仪器设备、机械等货物的修理所花费的费用。

(8) 有关文件证明索赔的起因和索赔数目的计算依据

此外,其他能证明货运事故的原因、损失程度、索赔金额、责任所在单证都应提供。索赔单证必须齐全、准确,内容衔接一致,不能自相矛盾。

(三) 保险公司赔付后再找责任人

(1) 若保险公司赔付的金额过多时,在赔付完被保险人后,会向有关责任人追偿。但一般追偿过程较困难。

(2) 若赔付金额较少时,保险公司赔付后,由其内部承担赔付的金额,而不再追加责任人。一般大的保险公司,会将其保险货物分保出去一部分给再保险公司,即风险转移,并与其签订协议,会在协议上规定各自所承担的责任义务。若出现索赔,保险公司赔偿完受益人后,会按他们所签协议来分担。

(四) 第三方责任

货物出险后,若属于第三方责任时,受益人可以持保险单及提单正本直接找第三方或找保险公司,具体找哪一方来赔偿,由受益人来决定。哪个赔偿的金额多,就可以找哪个赔偿。而实际上第三方或保险公司的赔偿金额,大体上差不多。受益人也可以直接找保险公司来赔偿,保险公司赔偿后,会取得代位追偿权,再找第三方的责任。受益人不可以得到双份的补偿,因为保险公司的赔付是一种补偿性的。

(五) 索赔过程中费用问题

货物出险后,受益人必须在第一时间通知保险公司,保险公司会再协同其他责任方一起去现场地勘察货物受损情况。到场的有保险公司、船公司、场地有关责任人、收货人及其他与该货有关的人,而该责任人因到场而产生的费用,若货物受损由保险公司赔偿时,该费用也由保险公司一起承担。换句话,就是对于货损产生的查看费用、理赔费用也在保险公司赔付的责任范围之内。若在保险公司赔付范围之外,则找引起货物受损的当事人赔付。对于货物受损责任不明确时,该费用由保险公司承担。

第三节　处理货运事故的理赔

一、国内货运险理赔

(1) 事故发生后,请第一时间找出保单并致电保险公司报案(24 小时内)。

（2）保险公司安排查勘员进行查勘定损。

（3）铁路货运的需铁路公安部门出具货运记录，航空货运的需出具航空事故签证，公路运输属货物被盗的同时报当地公安机关。

（4）办理货物运输保险理赔时，请提供以下货运保险单证：

① 出险通知书、索赔报告、财产损失清单、接受书、权益转让书、赔款收据（该六项单证由保险公司提供格式，由被保险人填写并加盖公章）；

② 货运保险单正本原件、保险费发票复印件；

③ 货物运输合同复印件；

④ 整批货物的运单及货物发票（包含受损货物的单价明细）；

⑤ 被保险人的身份证明资料（如果是个人则为身份证复印件）；

⑥ 承运车辆的行驶证及驾驶员的驾驶证复印件；

⑦ 被保险人向承运人（货运公司）的索赔函及承运人的答复资料；

⑧ 其他必要的单证和资料。

（5）查勘定损人员将根据实际损失情况核定损失。

（6）以上货运保险单证齐备后，查勘定损人员将整理收集的单证并做出书面检验报告，然后提交理算部进行理算、核赔工作。

（7）理算核赔部门完成理算、核赔工作并报送财务处理中心划款支付。此时您如果要查询理赔案，请直接致电承保支公司业务综合部或业务人员协助查询。

（8）本货物运输保险理赔指引适用于一切国内货物运输保险理赔（包括公路、铁路货运和航空货运）。

二、国际货运险理赔

国际货物运输保险是以国际运输过程中的货物作为保险标的的保险，主要包括国际海上货物运输保险、国际陆上货物运输保险、国际航空货物运输保险和国际邮包货物运输保险等。

（一）国际运输保险理赔索赔

是指保险事故发生后，被保险人向保险人提出国际运输保险索赔请求，保险人予以受理并决定是否赔偿或如何赔偿的过程。

国际货运险理赔申报材料：

（1）保单（批单）正本原件、保险协议、共保协议复印件、提单正本原件、运单正本原件、装箱单、磅码单、商业发票、贸易合同、承运人出具的正式的货损证明（正本）、国际运输保险索赔清单（正本）、向承运人及相关责任方的索赔函及其答复、照片（正本）、检验报告（正本）；

（2）修复费用发票（涉及修复的）、海事报告和海事报告（发生海事时）、要求运输保险索赔人提供正本发票和装箱单（发生共同海损时）、必要时应提供设备交接单（涉及集装箱运输的）、装船前的品质和重量证明（对于大宗散装货）。

（二）国际运输保险索赔注意事项

除应注意国际运输保险提示中有关要求外，被保险人还应特别注意：货物到达后，被保险人应及时提货；发现货物缺损后，被保险人应及时要求有关部门验货并出具相关证明;对遭受承保责任内危险的货物,被保险人应迅速采取合理的抢救措施,防止或减少货物的损失;在获悉有关运输契约中"船舶互撞责任"条款的实际责任后,应及时通知保险人。

中国海商法规定,"就海上货物运输向承运人要求赔偿的请求权,时效期间为一年,自承运人交付或者应当交付货物之日起计算","时效因请求人提起诉讼、提交仲裁或者被请求人同意履行义务而中断。但是,请求人撤回起诉、撤回仲裁或者起诉被裁定驳回的,时效不中断。"

这著名的海牙规则下规定的一年索赔时效,对遭受货损货差的货方而言,是一个十分危险的陷阱。无奈案件因时效已过,慢了一步的货方只好放弃索赔,不论要索赔的金额有多大。

导致这种局面,主要原因是不了解,或者了解得不到位。不仅货方自己不了解,有时甚至货方委托的律师也不够了解,尽管在程度上会有所不同,但也可能会是因为以下原因:

(1) 索赔对象搞错,收货人跑去跟发货人(卖方)纠缠不休,但实际却应向承运人/船东索赔,因为针对买卖合约而言,无论是FOB还是CIF,运输风险(导致货损货差)实际已归买方。要知道,一年时间很短,索赔搞错了方向,走了弯路,往往就导致时效过去。

(2) 国内的发货人在出了货损货差后,老是去与他订立运输合同的人交涉,这个"与之订立运输合同的人"一般都是货运代理,而货运代理除非签发自己的提单否则是不承担责任的。案子起诉到海事法院后,要等几个月法院才排期开庭,开庭后听被告律师一辩才知道不对,再去起诉承运人,一年时效早过了。有的甚至不知道海事法院,直接起诉到普通法院去了,一些基层法院也不移送,局面混乱不堪,根本保证不了时效。

(3) 即使知道索赔对象应是承运人,货方(收货人/提单持有人)仍要有足够的经验和学识去根据提单识别谁才是承运人(契约承运人),才是应控告的对象。这承运人通常会是真正的船东,或是提单上抬头的船公司或班轮公司(期租该出事船舶的承租人),还会是更隐蔽的光船承租人,如果搞错又会导致一年时效过去。

(4) 诉讼地点或方式搞错,例如提单合并了一条伦敦仲裁条款,但收货人在中国海事法院起诉,而罔顾了保护伦敦仲裁的一年时效。

(5) 货方一知半解,以为与船东/承运人一直在谈判即可保护时效,而不知道海牙规则是要求他要起诉才能保护时效。

(6) 货方以及货方的律师中了圈套,船东/承运人所同意的延长时效其实有附带条件,不是无条件的,而在中国当事人即使达成延长诉讼时效的协议也无效。

一年时效过去,货方只会怪自己疏忽,但如果是真懂的话,就应该懂得从各方面去防止疏漏的发生。当然,一年时效实在也是太短,英国一般的民事诉讼有长达六年的时效,中国也有两年,不由得货方不打起精神来。

第四节　风险防范及争议的解决方法

一、通过投保做好风险防范

货运保险是影响货运安全保障的重要内容与形式,如何通过货运保险来保障货运实践过程中的风险,往往是众多贸易商考虑的问题。投保货运保险时应注意防范一些陷阱。

(1) 在航空运输中,一旦发生货损事故,保险人应要求被保险人在除斥期间向承运人提出书面的索赔,以避免权利的丧失,同时应保留好相应的索赔证据。

(2) 在海上货物运输中,因诉讼时效仅为一年。在该期间,如尚未完成保险理赔的,保险人应要求被保险人先行向承运人提起诉讼或仲裁。在保险人作出保险赔偿后,可以依据已作出保险赔偿的证据,提出将原告或仲裁申请人变更为保险人的申请。

(3) 关于被保险人和承运人在运输合同中约定进行仲裁的,在保险人取得代位求偿权后,保险人和承运人争议解决的方式问题,各仲裁机构掌握的标准不尽一致。有的仲裁机构认为原仲裁协议继续有效,应由仲裁机构受理;有的认为原仲裁协议约束保险人和责任主体,而应由法院受理。而根据上海市高级人民法院的相关案例裁定文书显示,提单虽然载明发生争议的,由仲裁委员会受理。但该仲裁条款对保险人并不具有约束力,当保险人进行追偿时,案件仍应由海事法院受理。故对此类案件涉及的仲裁条款,需要律师谨慎对待处理。

(4) 在海上货物运输中,诉讼时效除非因请求人提起诉讼、仲裁或被请求人同意履行义务而中断,并不因请求人提出索赔而中断。

(5) 在国际航空和海上货物保险中,根据行业惯例,通常情况下保险人和被保险人约定保险价值通常为标的 CIF 价格加成 10%,一旦发生保险事故,保险人的赔偿也是实际货损的 110%。但在保险人向承运人进行追偿时,一般只能按货损的实际价值进行追索,但可以增加货损检验费用。

二、作为货运代理委托方应做到的防范措施

考虑到国际货运风险的不可避免性,货运公司可以通过保险,交付一定的保费,以保证收取运费的权利。对于第二方面的风险,货运代理公司及货运公司可采取以下防范措施:

(1) 在信用证交易情况下,托运人或租船人开具以原交易的信用证议付行为开证行、航运公司为受益人的信用证,或提供议付行出具的保证其支付运费的保函给航运公司。由于托运人或租船人是前一信用证的受益人,可以凭前一信用证作担保,开具以议付行为开证行、航运公司为受益人的信用证,银行承担第一性的付款义务,把商业信用转为银行信用,或者提供议付行出具的保函。因为托运人或租船人有信用证作担保,他也不需要再交开证押金,要求议付行开信用证仅仅需要支付一些手续费而已。同样,对于要求议付行出保函也应取得议付行的同意。

这样,一旦出现运费拖欠的情况,航运公司可直接向保函出具单位施加压力,或通过他们向拖欠运费的债务人要求支付,或者直接向当地法院起诉。

(2) 必须重视对托运人或租船人的资信调查。对于资信较好的托运人或租船人可以予以信任,对运费支付条件可以放松一点,以求和客户保持长期、稳定、良好的合作关系。而对于规模较小、偿付能力有限、资信不良的公司则应把好关。当运费被拖欠时,航运公司应及时采取措施,赢得主动,以保全运费的回收。考虑到议付行审核单证需要一段时间,如中国银行审单时间为 7 天左右,在买卖合同信用证项下的货款还没有支出时,航运公司可以申请当地司法机关,对银行账户予以查封、冻结,从而请求法院判决要求债务人支付其拖欠的运费。

（3）运费支付时间尽量约定在预付运费提单签发之时或之前，因为在此情况下，托运人或租船人交付足够运费之前，航运公司没有任何义务签发运费已付提单。当前国际贸易中一般都采用 CIF 或 CFR 价格条件，信用证一般也都要求是运费已付提单。托运人或租船人所持单证与信用证规定的单证不一致时议付行有权拒付，由此迫使其及时交付运费的结汇。

（4）航运公司可以将租船中的责任终止及留置条款明确地并入提单中。虽然多数国家都许可并入条款的效力，但为了保护善意的提单持有人，对并入条款都进行严格解释，限制所并入提单的租约条款。而且责任终止条款不能通过普通语言并入提单，要想并入必须通过明确文字，因为其不属于与提单持有人提货有关的条件。通过这种方法，航运公司在债务人不支付运费时可直接留置货物，按程序进行拍卖、变卖，从价款中优先受偿。

附　　录

附录1　海运附加费对照表

	缩写	解释
1	BAF	燃油附加费,大多数航线都有,但标准不一
2	SPS	上海港口附加费(船挂上港九区、十区)
3	ORC	本地出口附加费,和SPS类似,一般在华南地区使用
4	FAF	燃油价调整附加费(日本线、波斯湾、红海、南美)
5	YAS	日元升值附加费(日本航线专用)
6	GRI	综合费率上涨附加费,一般是南美航线、美国航线使用
7	DDC、IAC	直航附加费,美加航线使用
8	IFA	临时燃油附加费,某些航线临时使用
9	PTF	巴拿马运河附加费,美国航线、中南美航线使用
10	EBS、EBA	部分航线燃油附加费的表示方式,EBS一般是日本、澳洲航线使用,EBA一般是非洲航线、中南美航线使用
11	PCS	港口拥挤附加费,一般是以色列、印度某些港口及中南美航线使用
12	PSS	旺季附加费,大多数航线在运输旺季时可能临时使用
13	CAF	货币贬值附加费(Devaluation Surcharge or Currency Adjustment Factor,缩写是CAF)海运费的5.4%,CAF也适用于直达运费或含附加费运费
14	GRR	General Rate Restoration(修复)YM Line:(阳明公司)于旺季收的
15	RR	费率恢复,也是船公司涨价的手段之一,类似GRR
16	DDC	Destination Delivery Charge 目的港交货费用
17	ACC	加拿大安全附加费
18	SCS	苏伊士运河附加费(Suez Canal Surcharge)
19	THC	Terminal(码头)Handling Charge 码头操作(吊柜)费
20	TAR	战争附加费 Temporary(临时的)≈Provisional) Additional Risks 本义为"临时附加费风险"实指战争附加费
21	CUC	底盘费,可能指车船直接换装时的吊装吊卸费
22	ARB	中转费
23	ACC	走廊附加费从LBH(Long Beach),LAX(Los Angeles)中转至加州(California)亚利桑那州(Arizona)内华达州(Nevada)的货收
24	AMS	Automatic Manifest System 自动舱单系统录入费,用于美加航线
25	IAP	Indonesia Additional Premium Surcharges 印尼港

附录 2 船公司及标志

1. 中国远洋运输（集团）总公司——COSCO（中国）
2. 中国海运集团总公司——CSC（中国）
3. 中国外轮代理总公司——PENAVICO（中国）
4. 中国外运（集团）总公司——SINOTRANS（中国）
5. 阳明海运股份有限公司——YML（中国台湾）
6. 锦江航运有限公司——JINJIANG（中国）
7. 京汉航运有限公司——CHS（中国香港）
8. 立荣海运股份有限公司——UNIGLORY（中国台湾）
9. 民生轮船有限公司——MSH（中国）
10. 山东海丰国际航运集团有限公司——SITC（中国）
11. 山东省烟台国际海运公司——SYMS（中国）
12. 天津海运股份有限公司——TMS（中国）
13. 万海航运股份有限公司——WANHAI（中国台湾）
14. 长荣海运股份有限公司——EMC（中国台湾）
15. 东方海外货柜航运有限公司——OOCL（中国香港）
16. 株式会社韩星船舶——HSLN（韩国）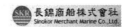
17. 长锦商船船务有限公司——SKR（韩国）
18. 高丽海运株式会社——KMTC（韩国）
19. 韩进海运——HANJIN（韩国）
20. 马来西亚国际船运有限公司——MISC（马来西亚）
21. 日本川崎汽船株式会社——K-Line（日本）
22. 日本大阪商船三井船务株式会社——MOSK（日本）
23. 日本邮船中国有限公司——NYK（日本）
24. 萨姆达拉船务有限公司——SSL（新加坡）

25. 沙特阿拉伯国家航运有限公司——NSCSA(沙特阿拉伯)
26. 神原汽船株式会社——KMB(日本)
27. 太平船务有限公司——PIL(新加坡)
28. 现代商船有限公司——HYUNDAI(韩国)
29. 以星综合航运有限公司——ZIM(以色列)
30. 印度国家航运——SCI(印度)
31. 阿拉伯联合国家轮船公司——UASC(科威特)
32. 美国美商纵横联运有限公司——TRANSLINK(美国)
33. 伊朗伊斯兰共和国航运公司——IRISL(伊朗)
34. 马士基航运有限公司——MAERSK SEALAND(丹麦)
35. 地中海航运公司——MSC(瑞士)
36. 北欧亚海运有限公司——NORASIA(马耳他)
37. 铁行渣华船务有限公司——P & O NEDLLOYD(英国)
38. 意大利邮船公司——LLT(意大利)
39. 澳大利亚国家航运有限公司——ANL(澳大利亚)
40. 美国总统轮船有限公司——APL(美国)
41. 智利航运国际有限公司——CCNI(智利)
42. 智利南美轮船公司——CSAV(智利)
43. 法国达飞轮船有限公司——CMA-CGM(法国)
44. 达贸国际轮船公司——DELMAS(法国)
45. 德国胜利航运—环球航线服务——DSR(德国)
46. 远东海洋轮船公司——FESCO(俄罗斯)
47. 德国赫伯罗特轮船公司——HAPAG-LLOYD(德国)

附录3 国际货运相关单证

货物出运委托书
（货物明细单）日期：
根据《中华人民共和国合同法》与《中华人民共和国海商法》的规定，就出口货物委托运输事宜订立本合同。

合同号		运输编号	
银行编号		信用证号	
开证银行			
汇票付款人			
付款方式			

托运人	
提单抬头	收货人
通知人	

贸易性质		贸易国别	
运输方式		消费国别	
装运期限		出口口岸	
有效期限		目的港	
可否转运	可否分批	运费预付	到付
正本提单	副本提单	价格条件	

标志唛头	货名规格、海关编号	件数及包装式样	毛重（公斤）	净重（公斤）	价格币制：	
					单价	总价
					TOTAL：	

法定商检：	有进料不超过20%	来料加工：	加工费：	总尺码：	FOB价：

受托人注意事项		指定货代			
		运费		确认	
		随附单据	1.发票 份	2.装箱单 份	3.报关单 份
			4.核销单 份	5.许可证 份	
委托人注意		保险条款			
		保险金额		赔款地点	
	发运信息	危险品：		制单员	

受托人（承运人或货运代理人）： 委托人（即托运人）：
名称： 名称：
电话： 传真： 电话： 传真：
委托代理人签章： 联系人：

上海××进出口公司
SHANGHAI CHEMICALS IMPORT AND EXPORT CORPORATION
16 JIANGYAN LU, SHANGHAI
装箱单
PACKING LIST

Invoice No._____   Date:_____

标志及箱号	品名及规格	数量	件数	毛重	净重	尺码
TOTAL						

装运通知书

NANJING FOREIGN TRADE IMP. AND EXP. CORP.
SHIPPING ADVICE

FAX   INVOICE NO.
                       发票编号

TEL   L/C NO.
                       S/C NO.
                       (Sales Confirmation Number 销售确认书编号)

MESSRS：(Mr 的复数形式,用于一组人名或公司名称前)

DEAR SIRS：

WE HEREBY INFORM YOU THAT THE GOODS UNDER THE ABOVE MENTIONED CREDIT HAVE BEEN SHIPPED. THE DETAILS OF THE SHIPMENT ARE STATED BELOW.

我们谨此通知你根据上述信用证中有关货物装运,装运详细情况说明如下。

SHIPPING MARKS 唛头：   COMMODITY
                            商品：

                            TOTAL G. W.
                            总毛重：

                            OCEAN VESSEL：
                            远洋轮船

                            DATE OF
                            DEPARTURE：
                            离岸日期

                            B/L NO.：提单号

                            PORT OF LOADING：
                            起运港

                            DESTINATION：
                            目的港

中华人民共和国出口货物许可证
EXPORT LICENCE THE PEOPLE'S REPUBLIC OF CHINA A 类

申领许可证单位　　编码 Exporter	出口许可证编号 Licence No.			
发货单位 Consignee	许可证有效期 Validity			
贸易方式 Terms of	输往国家（地区） Country of destination			
合同号 Contract No.	收款方式 Terms of payment			
出运口岸 Port of shipment	运输方式 Means of transport			
唛头——包装件数 Marks & numbers——number of packages				
商品名称 Description of commodity	商品编码 Commodity No.			

商品规格、型号 Specification	单位 Unit	数量 Quantity	单价（　） Unit price	总值（　） Amount	总值折美元（　） Amount in USD
总计 Total					

| 备注
Supplementary details | 发证机关盖章
Issuing Authority's Stamp |
| | 发证日期
Signature Date |

商务部监制　　　　　　　　　　　　　　　　　　　　　　本证不得涂改，不得转让

国际货运与保险

投保单序号：PICC N<u>o</u>

PICC 中国人民保险公司 _____ 分公司
The People's Insurance Company of China, _____ Branch

地址：
ADD:
邮编(POST CODE)：

电话(TEL)：
传真(FAX)：

货物运输保险单投保单
APPLICATION FORM FOR CARGO TRANSPORTATION INSURANCE POLICY

被保险人：
insured: _____

发票号(INVOICE NO.)
合同号(CONTRACT NO.)
信用证号(L/C NO.)
发票金额(INVOICE AMOUNT) _____ 投保加成(PLUS) _____ %

兹有下列物品向中国人民保险公司河北省分公司投保。(INSURANCE IS REQUIRED ON THE FOLLOWING COMMODITIES)：

标记 MARKS & NOS.	包装及数量 QUANTITY	保险货物项目 DESCRIPTION OF GOODS	保险金额 AMOUNT INSURED

起运日期：   装载运输工具：
DATE OF COMMENCEMENT _____ PER CONVEYANCE: _____
自   经   至
FROM _____   VIA _____   TO _____
提单号：   赔款偿付地点：
B/L NO.：_____   CLAIM PAYABLE AT _____
投保险别：(PLEASE INDICATE THE CONDITIONS AND/OR SPECIAL COVERAGES)：

请如实告之下列情况：(如"是"在[ ]中打"√"，"不是"在[ ]中打"×" IF ANY, PLEASE MARK "√" OR "×")
1. 货物种类： 袋装[ ]   散装[ ]   冷藏[ ]   液体[ ]   活动物[ ]   机器/汽车[ ]   危险品等级[ ]
   GOODS: BAG/JUMBO BULK REEFER LIQUID LIVE ANIMAL MACHINE/AUTO DANGEROUS CLASS
2. 集装箱种类：普通[ ]   开顶[ ]   框架[ ]   平板[ ]   冷藏[ ]
   CONTAINER: ORDINARY OPEN FRAME FLAT REFRIGERATOR
3. 转运工具： 海轮[ ]   飞机[ ]   驳船[ ]   火车[ ]   汽车[ ]
   BY TRANSIT: SHIP PLANE BARGE TRAIN TRUCK
4. 船舶资料： 船籍[ ]   船龄[ ]
   PARTICULAR OF SHIP: REGISTRY   AGE

备注：被保险人确认本保险合同条款和内容已经完全了解。   投保人(签名盖章)APPLICANT'S SIGNATURE
THE ASSURED CONFIRMS HEREWITH THE
TERMS AND CONDITINOS OF THESE INSU-
RANCE CONTRACT FULLY UNDERSTOOD.   _____

电话：(TEL) _____
投保日期：(DATE) _____   地址：(ADD) _____

本公司自用(FOR OFFICE USE ONLY)

费率：   保费：   备注：
RATE: _____   PREMIUM: _____   NOTE: _____
经办人：   核保人：   负责人：
BY: _____   UNDERWRITER _____   MANAGER _____

附录4 贸易术语

英文名	中文表示	交货地点	风险转移界限	运输	保险	交货方式
EXW	工厂交货	卖方工厂	买方处置货物后	买方	买方	内陆交货
FCA	货交承运人	交承运人	承运人处置货物后			各种运输
FAS	船边交货	装港船边	货交船边	买方	买方	海运内河
FOB	船上交货	装港船上	货物越过船舷			海运内河
CFR	成本加运费	装港船上	货物越过船舷		买方	海运内河
CIF	成本运费保险费	装港船上	货物越过船舷	卖方	卖方	海运内河
CPT	运费付至	交承运人	承运人处置货物后		买方	各种运输
CIP	运费保险费付至	交承运人	承运人处置货物后		卖方	各种运输
DAF	边境交货	边境指定地点	买方处置货物后			陆上运输
DES	目的港船上交货	目的港船上	买方在船上收货后	卖方	卖方	海运内河
DEQ	目的港码头交货	目的港码头	买方在码头收货后			海运内河
DDU	未完税交货	指定目的地	买方在指定地点收货后			各种运输
DDP	完税交货	指定目的地	买方在指定地点收货后			各种运输

	FOB、CFR、CIF	FCA、CPT、CIP
共同点	只保证按时交货,而不保证按时到货,即都属于装运合同	
运输方式	海运和内河运输	各种运输方式
风险划分	装运港船舷	货交(第一)承运人
投保险别	海运货物运输保险	视不同运输方式而定
装运时间	提单日	不确定(因为由承运人负责)
交货地点	装运港	出口国所在地,不确定
提交单据	已装船清洁提单	视不同运输方式而定
装卸费用	采用贸易术语的变形来划分	已包含在运费中

参考文献

[1] 王宗湖.国际货运代理实务[M].北京:对外经济贸易大学出版社,2007.
[2] 桂圆圆.国际货代企业向国际物流企业转型的战略研究[D].上海交通大学,2007.
[3] 郭颂平.海上保险[M].北京:高等教育出版社,2003.
[4] 薛荣久,王绍燕,刘舒年等.当代国际贸易与金融大辞典[M].北京:对外经济贸易大学出版社,1998.
[5] 徐康平.现代物流法导论[M].北京:中国物资出版社,2007.
[6] 谢石松.国际私法学[M].北京:高等教育出版社,2007.
[7] 任英.国际货物运输与保险实务[M].北京:清华大学出版社,2010.
[8] 江静,顾寒梅.国际货物运输与保险[M].上海:格致出版社,2011.
[9] 李敏.新编国际贸易实务[M].北京:北京大学出版社,2011.
[10] 马洁.国际货运代理实务[M].北京:中国物资出版社,2011.
[11] 章安平.出口业务操作[M].北京:高等教育出版社,2009.
[12] 中国国际货运代理协会.国际货运代理理论与实务[M].北京:中国商务出版社,2007.
[13] 中国国际货运代理协会.世界各国货运代理业管理情况.中国国际货运代理协会官方网站,2011.
[14] 中国国际货运代理协会.国际货物运输代理概论[M].北京:中国商务出版社,2010.
[15] 中国国际货运代理协会.全国国际货运代理从业人员岗位专业证书培训考试大纲与应试指南[M].北京:中国商务出版社,2011.
[16] 中国国际货运代理协会.国际陆路货运代理与多式联运理论与实务[M].北京:中国商务出版社,2010.
[17] 肖林玲.国际货物运输代理[M].北京:高等教育出版社,2009.
[18] 黄海东.国际货物运输保险[M].北京:清华大学出版社,2010.
[19] 姜宏.国际贸易实务与综合模拟实训[M].北京:清华大学出版社,2008.
[20] 孟恬.国际货物运输与保险[M].北京:对外经济贸易大学出版社,2008.